해봐요

맞춤법과 띄어쓰기를 쉽고 재미있게!

게임으로 배우는

초등
맞춤법

SISO
study

맞춤법 공부는 왜 필요할까요

일상생활에서나 학교 수업에서 낱말이나 문장을 맞춤법에 맞게 쓰는 것은 중요합니다. 맞춤법은 우리말을 글자로 적을 때에 지켜야 하는 정해진 규칙으로, 올바른 의사소통은 물론 모든 교과 학습의 기본이 되기 때문이지요. 특히 소리가 비슷해서 구분하기 어렵거나, 비슷해 보이지만 소리와 쓰임이 다른 낱말 등 헷갈리는 어휘는 어른이 되어서도 정확하게 쓰지 못하는 경우가 많습니다. 이런 낱말들은 어려서부터 그 쓰임과 표기를 확실하게 인식하고 올바르게 익혀 두어야 합니다. **맞춤법에 맞는 표현**을 익히는 공부는 **어휘력과 문해력, 글쓰기 능력의 바탕**이 되기 때문입니다.

이 책에 나오는 다양한 게임 활동

퍼즐

놀이 도구

명령어 수행하기

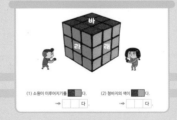

하지만 맞춤법 공부를 재미있게 하기는 쉽지 않습니다. 특히나 어릴 때부터 미디어 환경에서 자라 온 아이들에게는 단순하게 외우거나 반복적으로 쓰는 활동보다 좀 더 재미있는 학습 방법을 제시해 주어야 합니다. 그래서 이 책은 쉽고 재미있는 게임을 통해 저절로 맞춤법을 익힐 수 있게 만들었습니다. 아이들은 **다양한 게임 활동**을 하며 자연스럽게 맞춤법에 맞는 낱말을 접하게 됩니다. 그리고 특별히 노력해서 외우지 않아도 게임 내용과 연관 지어 머릿속에 새겨 넣듯 **자연스럽게 맞춤법에 맞는 낱말을 체득**할 수 있을 것입니다.

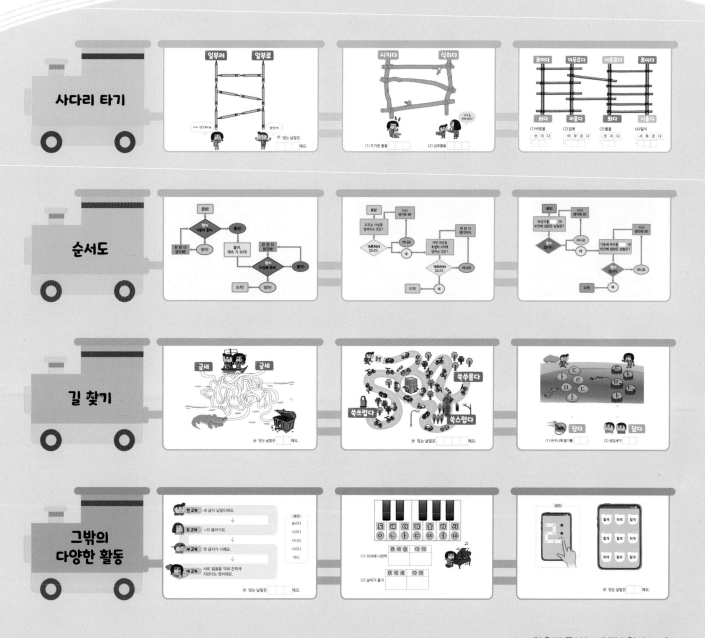

이 책은 이렇게 공부해요

맞춤법 어휘 학습

1
쉽고 재미있는 게임으로 맞춤법에 맞는 낱말 인식하기

길 찾기, 사다리 타기, 칠교놀이, 큐브 맞추기, 다트 판 놀이, 순서도 등 다양한 게임 활동을 활용하여 시각적으로 맞춤법에 맞는 낱말을 익혀요.

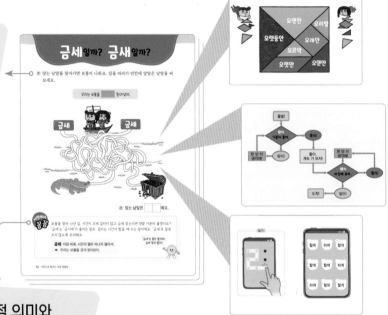

2
낱말의 사전적 의미와 문장에서의 쓰임 익히기

맞춤법에 맞는 낱말의 쓰임과 활용에 대해 알아보고 사전적 의미를 파악해요.

3
문제를 풀며 맞춤법에 맞는 낱말을 확인하고 낱말을 넣어 문장 쓰기

일상생활 대화 상황에서 맞춤법에 맞는 낱말의 올바른 사용을 문제로 확인하고, 낱말을 넣어 문장을 쓰며 글쓰기 능력을 키워요.

문제로 맞춤법 확인하기

낱말을 넣어 문장 쓰기

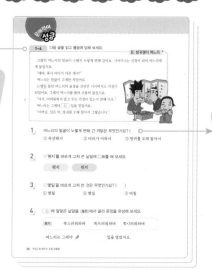

1 맞춤법 낱말에 주의하며 동화 읽고 내용 이해하기

전래 동화, 명작 동화, 우화 등을 읽고 내용을 파악하며 문해력을 키워요.

2 문제로 맞춤법에 맞는 낱말 확인하기

문제 풀이를 통해 문장 속에서 맞춤법에 맞는 낱말의 쓰임을 확인해요.

1 만화로 띄어쓰기 규정 알기

만화에서 띄어쓰기가 필요한 상황과 경우를 파악하고 띄어 써야 할 내용을 알아봐요.

2 띄어쓰기 원칙과 활용 예 파악하기

띄어쓰기 규정에 대한 자세한 설명을 읽고, 활용 예 의 문장으로 띄어쓰기를 익혀요.

3 문제를 풀며 띄어쓰기 원칙 익히기

교정 기호를 활용하여 띄어쓰기 문제를 풀고, 띄어쓰기 규정에 맞게 글을 옮겨 써 보면서 글쓰기 기초 능력을 키워요.

→ 띄어쓰기 관련 문제 풀기

→ 띄어쓰기 규정에 맞게 글 옮겨 쓰기

차 례

이 책의 등장인물

동이(동생)

달이(누나)

엄마

아빠

헷갈려서 잘 틀리는 낱말

금세일까? 금새일까?

😊 맞는 낱말을 찾아가면 보물이 나와요. 길을 따라가 빈칸에 알맞은 낱말을 써 보세요.

우리는 보물을 [　　] 찾아냈어.

금새

금세

😊 맞는 낱말은 [　][　] 예요.

사전에서
꼼꼼

보물을 찾아 나선 길, 시간이 오래 걸리지 않고 금세 찾는다면 정말 기분이 좋겠지요? '금세'는 '금시에'가 줄어든 말로, 걸리는 시간이 짧을 때 쓰는 말이에요. '금새'로 잘못 쓰지 않도록 주의해요.

'금새'는 틀린 말이야.
금세 잊지 말자!

금세: 지금 바로. 시간이 얼마 지나지 않아서.
예 우리는 보물을 금세 찾아냈어.

1 밑줄 친 낱말을 바르게 고쳐 쓴 것은 무엇인가요? (   )

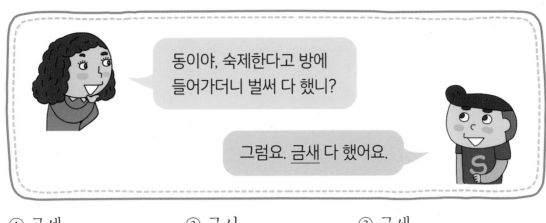

동이야, 숙제한다고 방에 들어가더니 벌써 다 했니?

그럼요. 금새 다 했어요.

① 금세   ② 금시   ③ 금세

2 빈칸에 알맞은 낱말을 　　에서 골라 ○표를 해 보세요.

아프다고 들었는데 □□□ 나았구나!   금새   금세

3 틀린 낱말에 ✕표를 한 다음 바르게 고쳐 써 보세요.

강아지가 금새 가 버렸어.

❋ 다음 낱말을 넣어 문장을 써 보세요.

금세　✎ _____

네가일까? 니가일까?

웃는 😊을 따라가면 맞는 말이 나와요. 길을 따라가 빈칸에 알맞은 말을 써 보세요.

이걸 [　　] 혼자 다 했구나!

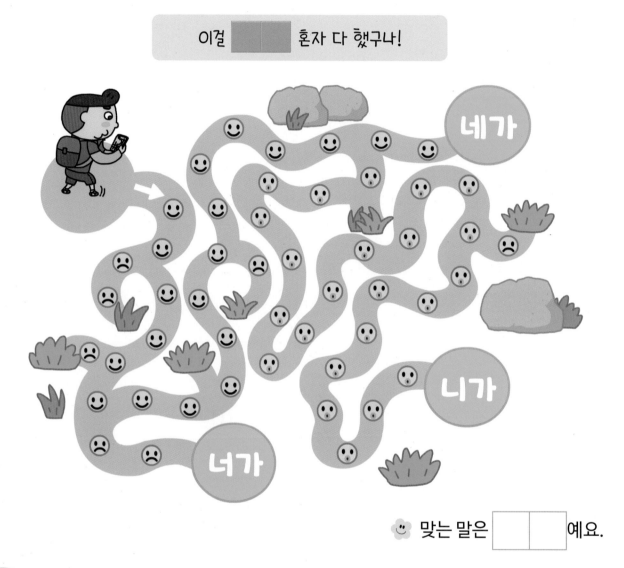

네가

니가

너가

😊 맞는 말은 [　　][　　]예요.

1 밑줄 친 말을 바르게 고쳐 쓴 것은 무엇인가요? (   )

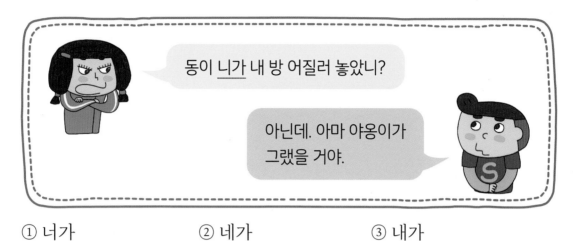

① 너가   ② 네가   ③ 내가

2 밑줄 친 말이 바르게 쓰인 것에는 ○표를, 잘못 쓰인 것에는 ✕표를 해 보세요.

(1) 이 연필도 너가 다 가져.   [   ]

(2) 네가 한 말을 오래오래 기억할게.   [   ]

3 틀린 말에 ✕표를 한 다음 바르게 고쳐 써 보세요.

너희 가족 중에서 니가 가장 어리니?

✿ 다음 말을 넣어 문장을 써 보세요.

네가   _____

돼요일까? 되요일까?

😊 명령어대로 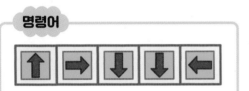를 옮기면서 만나는 글자를 차례대로 모아 빈칸에 알맞은 낱말을 써 보세요.

눈이 녹으면 물이 　　　.

규칙

➡ 오른쪽으로 한 칸 이동해요.

⬅ 왼쪽으로 한 칸 이동해요.

⬆ 위로 한 칸 이동해요.

⬇ 아래로 한 칸 이동해요.

명령어

⬆ ➡ ⬇ ⬇ ⬅

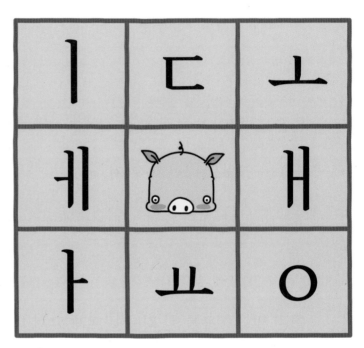

ㅣ	ㄷ	ㅗ
ㅔ	🐷	ㅐ
ㅏ	ㅛ	ㅇ

😊 맞는 낱말은 　　예요.

 사전에서 꼼꼼

'눈이 녹으면 물이 돼요.'에서 '돼요'는 '되+어→돼'에 높임을 나타내는 '요'가 붙은 것이에요. 그런데 '되'가 '어'와 만나지 않으면 '돼'로 줄어들지 않아요. '나는 선생님이 되고 싶어.'에서는 '되' 뒤에 '고'가 왔기 때문에 '돼고'가 아니라 '되고'랍니다.

'말해도 되지.'에서 '되지'를 '돼지'로 쓰면 안 돼. '돼지'는 꿀꿀 우는 동물이야.

되+어 ┌ 돼(O)
　　　└ 되(X)

되+고 ┌ 되고(O)
　　　└ 돼고(X)

돼요: 다른 것으로 바뀌거나 변해요.

예 눈이 녹으면 물이 돼요.

1 밑줄 친 낱말을 바르게 고쳐 쓴 것은 무엇인가요? (   )

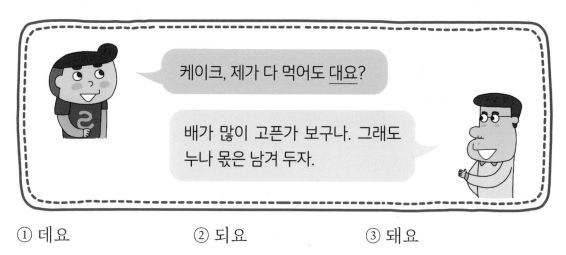

케이크, 제가 다 먹어도 <u>대요</u>?

배가 많이 고픈가 보구나. 그래도 누나 몫은 남겨 두자.

① 데요   ② 되요   ③ 돼요

2 맞춤법에 맞는 낱말에 ○표를 하고 문장을 완성해 보세요.

되요

돼요

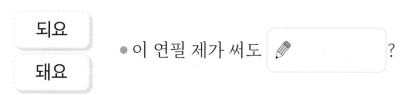 ● 이 연필 제가 써도   ?

3 틀린 낱말에 ✕표를 한 다음 바르게 고쳐 써 보세요.

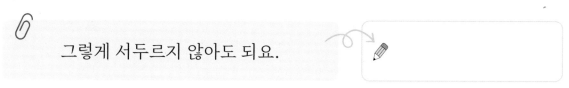 그렇게 서두르지 않아도 되요.

 실력이 쑥쑥

❀ 다음 낱말을 넣어 문장을 써 보세요.

돼요

며칠일까? 몇일일까?

☺ 빈칸에 알맞은 낱말이 무엇인지 길을 따라가 확인하고 써 보세요.

수미는 [ ] 동안 결석했어.

며칠

몇일

다시 생각해 봐.

맞았어!

☺ 맞는 낱말은 [ ][ ]이에요.

 사전에서 꼼꼼

수미가 며칠 동안 결석을 하고 체험 학습을 갔나 봐요. 여기서 '며칠'은 몇 날의 기간을 뜻할 때 쓰는 말이에요. '며칠'은 어떤 날을 뜻할 때도 써요. '민이가 전학 온 날이 며칠이지?'처럼요. '몇일'이라는 말은 틀리니 쓰지 않도록 해요.

며칠: 몇 날. 그달의 몇째 되는 날.

예 ㆍ수미는 며칠 동안 결석했어.
ㆍ네 생일이 7월 며칠이지?

'몇 월'은 맞지만 '몇일'은 틀려. '네 생일은 몇 월 며칠이야?'라고 물어야 해. 알았지?

1 밑줄 친 낱말을 바르게 고쳐 쓴 것은 무엇인가요? (   )

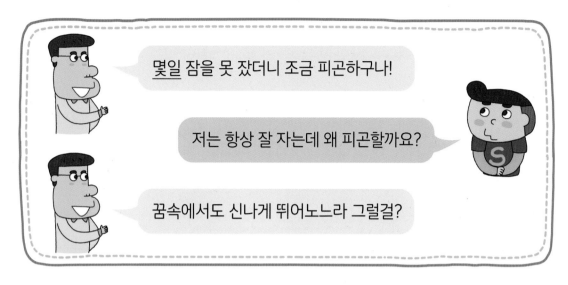

몇일 잠을 못 잤더니 조금 피곤하구나!

저는 항상 잘 자는데 왜 피곤할까요?

꿈속에서도 신나게 뛰어노느라 그럴걸?

① 몇칠   ② 며칠   ③ 멏칠

2 문장에 알맞은 낱말을 ●에서 골라 ○표를 해 보세요.

이모가   **몇일**   **며칠**   동안 여행을 갔어요.

3 틀린 낱말에 ✕표를 한 다음 바르게 고쳐 써 보세요.

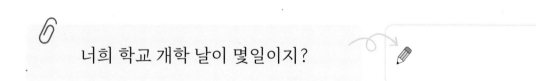

너희 학교 개학 날이 몇일이지?

실력이 **쑥쑥**

❀ 다음 낱말을 넣어 문장을 써 보세요.

며칠

바람일까? 바램일까?

보기 처럼 주어진 숫자에 해당하는 글자를 모아 낱말을 써 보세요.

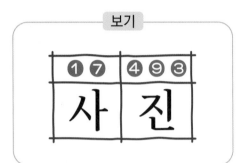

보기

❶ ❼	❹ ❾ ❸
사	진

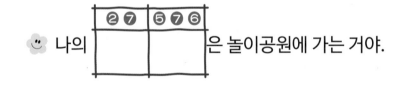

나의 [❷ ❼ | ❺ ❼ ❻] 은 놀이공원에 가는 거야.

누구나 자신이 원하는 '바람'이 있을 거예요. 하늘에서 시원하게 불어오는 바람도 '바람'이지만, 무언가 이루어지기를 기다리는 마음도 '바람'이라고 써요. '바라다'에서 나온 '바람'을 '바램'으로 잘못 쓰는 경우가 많으니 주의해요.

바람: 어떤 일이 생각대로 이루어지기를 기다리는 간절한 마음.

예 나의 바람은 놀이공원에 가는 거야.

'내 바램은 네가 행복한 거야.'
라고 쓰면 틀려.
잘 기억하길 바람!

1 밑줄 친 낱말을 바르게 고쳐 쓴 것은 무엇인가요? (   )

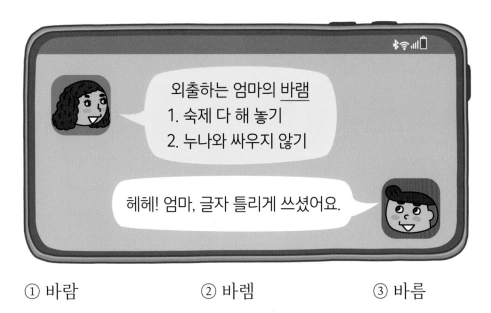

외출하는 엄마의 <u>바램</u>
1. 숙제 다 해 놓기
2. 누나와 싸우지 않기

헤헤! 엄마, 글자 틀리게 쓰셨어요.

① 바람   ② 바렘   ③ 바름

2 빈칸에 알맞은 낱말을 ⬤에서 골라 ◯표를 해 보세요.

나의 [   ]은 우리 가족이 모두 건강한 거야.

바램   바람

3 틀린 낱말에 ✕표를 한 다음 바르게 고쳐 써 보세요.

주말에 아빠와 자전거를 타는 것이 저의 바램이에요.

 실력이 쑥쑥

✿ 다음 낱말을 넣어 문장을 써 보세요.

바람 _____

사귀다일까? 사기다일까?

😊 네 고개 놀이를 하며 빈칸에 알맞은 낱말을 보기 에서 골라 써 보세요.

친구를 [   ] .

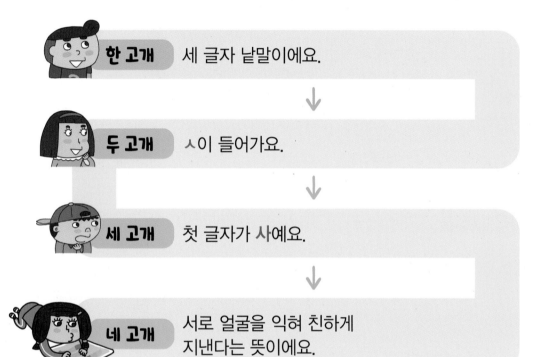

한 고개 세 글자 낱말이에요.

↓

두 고개 ㅅ이 들어가요.

↓

세 고개 첫 글자가 사예요.

↓

네 고개 서로 얼굴을 익혀 친하게 지낸다는 뜻이에요.

보기
놀리다
사귀다
사다리
송사리
먹다

😊 맞는 낱말은 [ ][ ][ ] 예요.

사전에서 꼼꼼

유치원 때 사귄 친구를 기억하나요? 친구를 사귄다는 것은 서로 얼굴을 알고 친하게 지낸다는 말이에요. 그런데 글을 쓸 때는 '사기다'로 잘못 쓰는 경우가 많으니 틀리지 않도록 주의해요.

사귀다: 서로 알게 되어 친하게 지내다.
예 · 친구를 사귀다.
· 앞으로 우리 잘 사귀어 보자.

'친구 따라 강남 간다'는 속담 아니? 친구에 이끌려 덩달아 무언가를 할 때 쓰는 말이야. 우리 모두 좋은 친구를 사귀자.

1 밑줄 친 낱말을 바르게 고쳐 쓴 것은 무엇인가요? (   )

> 엄마, 내년에도 친구를 많이 <u>사기고</u> 싶어요.
>
> 우리 달이는 성격이 좋아서 그럴 수 있을 거야.

① 사구고   ② 사개고   ③ 사귀고

2 빈칸에 알맞은 낱말을 ●●●에서 골라 ○표를 해 보세요.

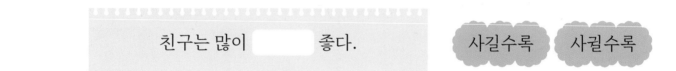

친구는 많이 [   ] 좋다.

사길수록   사귈수록

3 틀린 낱말에 ✕표를 한 다음 바르게 고쳐 써 보세요.

좋은 친구를 사기려면 어떻게 해야 할까?

실력이 쑥쑥

❀ 다음 낱말을 넣어 문장을 써 보세요.

사귀었어

쑥스럽다일까? 쑥쓰럽다일까?

😊 자동차를 타고 도로 위를 달리면 맞는 낱말이 나와요. 자동차가 달리는 도로를 따라가 빈칸에 알맞은 낱말을 써 보세요.

나는 모르는 사람과 말하는 것이   .

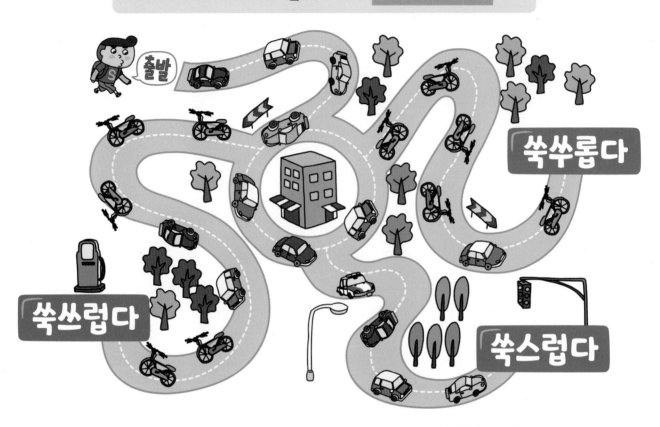

쑥쑤롭다
쑥쓰럽다
쑥스럽다

😊 맞는 낱말은 ☐☐☐☐ 예요.

잘 알지 못하는 사람에게 말하는 것을 어려워하는 친구들이 있어요. '쑥스럽다'는 어떤 말이나 행동을 하는 데 어색하고 부끄러운 마음이 들 때 쓰는 말이에요. '쑥쓰럽다'로 쓰지 않도록 주의해요.

쑥스럽다: 하는 짓이나 모양이 자연스럽지 못하거나 어울리지 않아 부끄럽다.

예 • 나는 모르는 사람과 말하는 것이 **쑥스럽다**.
    • 달이는 **쑥스러운** 표정으로 미안하다고 말했어요.

문장에서는
'쑥스러워서, 쑥스러운, 쑥스럽고'
등으로 써야 해.

1 밑줄 친 낱말을 바르게 고쳐 쓴 것은 무엇인가요? (   )

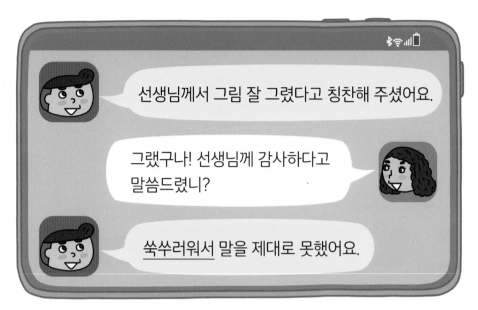

선생님께서 그림 잘 그렸다고 칭찬해 주셨어요.

그랬구나! 선생님께 감사하다고 말씀드렸니?

<u>쑥쑤러워서</u> 말을 제대로 못했어요.

① 쑥쓰러워서   ② 쑥쑤로워서   ③ 쑥스러워서

2 밑줄 친 낱말이 바르게 쓰인 것에는 ○표를, 잘못 쓰인 것에는 ✕표를 해 보세요.

(1) 노래를 마친 이준이는 <u>쑥스러운</u> 표정으로 웃었다.

(2) 사진 찍어 줄 테니 <u>쑥쑤러워하지</u> 말고 자세를 잡아 봐.

3 틀린 낱말에 ✕표를 한 다음 바르게 고쳐 써 보세요.

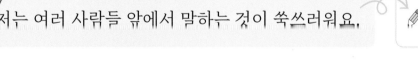

저는 여러 사람들 앞에서 말하는 것이 쑥쓰러워요.

실력이 쑥쑥

❋ 다음 낱말을 넣어 문장을 써 보세요.

쑥스러운

역할일까? 역활일까?

😊 맞는 낱말을 따라가면 오아시스가 나와요. 길을 따라가 빈칸에 알맞은 낱말을 써 보세요.

수아는 회장 [　　] 을 잘 해냈어.

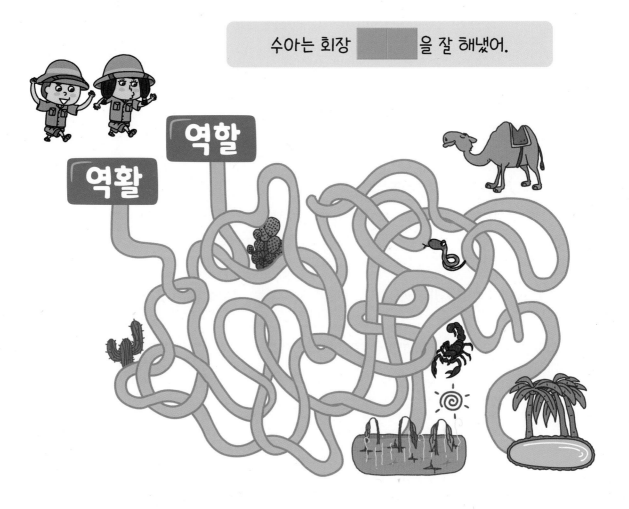

역활

역할

😊 맞는 낱말은 [　　] 이에요.

사전에서 꼼꼼

수아는 책임감이 강한 친구라 자신의 역할을 잘 해냈나 봐요. '역할'은 '자기가 맡아서 해야 할 일'을 뜻해요. 그리고 연극이나 영화에서 배우가 맡아서 연기하는 인물도 '역할'이에요. '역활'로 잘못 알고 쓰는 일이 없도록 주의해요.

역할: 자기가 마땅히 해야 할 일이나 맡은 임무.

예 • 수아는 회장 **역할**을 잘 해냈어.
　 • 연극 '토끼와 거북'에서 나는 거북 **역할**을 맡았어.

1 밑줄 친 낱말을 바르게 고쳐 쓴 것은 무엇인가요? (   )

아빠, 학교 연극부에서 제가 주인공을 맡았어요.

대단한데! 무슨 <u>역활</u>이니?

'요술 항아리'라는 연극인데요, 제가 항아리예요.

① 역할   ② 여퐐   ③ 역칼

2 밑줄 친 낱말이 바르게 쓰인 것에는 ○표를, 잘못 쓰인 것에는 ✕표를 해 보세요.

(1) 모두가 자신의 <u>역할</u>을 잘해 주어 고맙다.   (   )

(2) 저는 뮤지컬에서 앨리스 <u>역활</u>을 맡았어요.   (   )

3 틀린 낱말에 ✕표를 한 다음 바르게 고쳐 써 보세요.

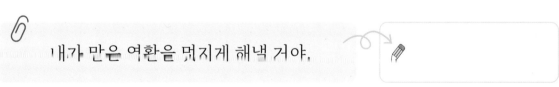

내가 만든 여환을 멋지게 해낼 거야.

실력이 쑥쑥

❀ 다음 낱말을 넣어 문장을 써 보세요.

역할 ✎ _____

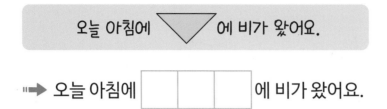

오랜만일까? 오랫만일까?

🌸 칠교판에서 뽑은 조각에 쓰인 낱말을 빈칸에 넣어 문장을 완성해 보세요.

> 오늘 아침에 ▽ 에 비가 왔어요.

➡ 오늘 아침에 ☐☐☐ 에 비가 왔어요.

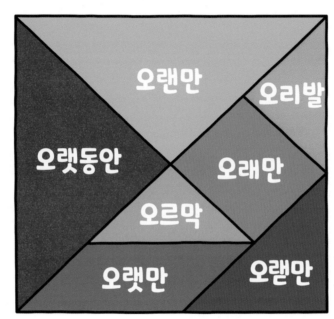

오랜만

오리발

오랫동안

오래만

오르막

오랫만

오랜만

사전에서 꼼꼼

여러 날 비가 오지 않다가 오랜만에 비가 오면 무척 반갑겠지요? '오랜만'은 어떤 일이 있고 나서 시간이 오래 지난 뒤를 뜻하는 말로, '오래간만'을 줄여 쓴 말이에요. '오랫 만'으로 잘못 쓰지 않도록 해요.

'매우 긴 시간 동안'을 뜻하는 말은 '오랫동안'으로 써야 해.

오랜만: 어떤 일이 있은 때로부터 긴 시간이 지난 뒤.
예 오늘 아침에 **오랜만**에 비가 왔어요.

1 밑줄 친 낱말을 바르게 고쳐 쓴 것은 무엇인가요? (   )

안녕? 나 기억나니? 같은 유치원에 다녔던 지우야.

어, 지우야! <u>오랟만</u>이야. 잘 지냈니?

① 오랙만   ② 오랜만   ③ 오랫만

2 밑줄 친 낱말이 바르게 쓰인 것에는 ○표를, 잘못 쓰인 것에는 ✕표를 해 보세요.

(1) 가족들과 함께 <u>오랫만</u>에 외식을 했어요.   [   ]

(2) 추석날, <u>오랜만</u>에 친척들이 모였어요.   [   ]

3 틀린 낱말에 ✕표를 한 다음 바르게 고쳐 써 보세요.

배가 고파서 오랫만에 밥을 많이 먹었다.   ✎ [   ]

실력이 쑥쑥

❀ 다음 낱말을 넣어 문장을 써 보세요.

오랜만 _____

왠지일까? 웬지일까?

😊 ◆ 안의 하얀색 낱말이 맞는지 틀리는지 대답하면서 목적지까지 이동해 보세요.

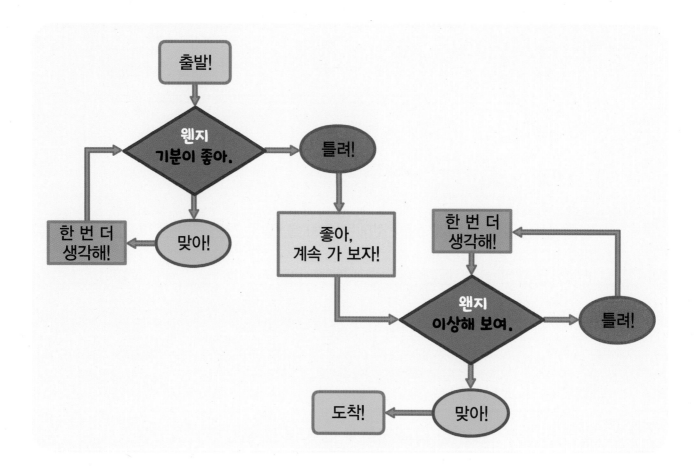

왠지 모르게 기분이 좋아서 자꾸 웃음이 난 적이 있나요? 왜 그런지 모르게 생기는 기분, 이유 없이 일어난 일 등을 말할 때는 '왠지'라는 낱말을 써요. '왠지'는 '왜인지'가 줄어든 말이에요. '웬지'로 헷갈려 잘못 쓰는 경우가 많으니 주의해요.

왠지: 왜 그런지 모르게. 또는 뚜렷한 이유도 없이.

예 • 왠지 기분이 좋아.
　 • 왠지 이상해 보여.

'웬일이니?'처럼 쓸 때는 '왠일'이 아니라 '어찌된 일'을 뜻하는 '웬일'이라고 써야 해.

1 밑줄 친 낱말을 바르게 고쳐 쓴 것은 무엇인가요? (   )

오늘은 <u>웬지</u> 아무것도 하기 싫다.

그럴 때는 마음 편하게 쉬어도 괜찮아.

① 읜지   ② 왠지   ③ 왼지

2 문장에 알맞은 낱말을 　　　에서 골라 ○표를 해 보세요.

(1) 너 지금   왠지   웬지   기분이 좋아 보여.

(2) 오늘은 솔이가   왠지   웬지   멋져 보이네.

3 틀린 낱말에 ×표를 한 다음 바르게 고쳐 써 보세요.

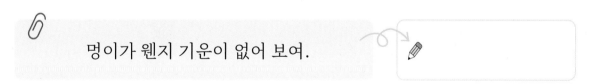

멍이가 웬지 기운이 없어 보여.

실력이 쑥쑥

✿ 다음 낱말을 넣어 문장을 써 보세요.

왠지

일부러일까? 일부로일까?

😊 사다리를 타고 내려가 빈칸에 알맞은 낱말을 써 보세요.

> 동생을 웃겨 주려고 ▢▢▢ 우스운 표정을 지었어.

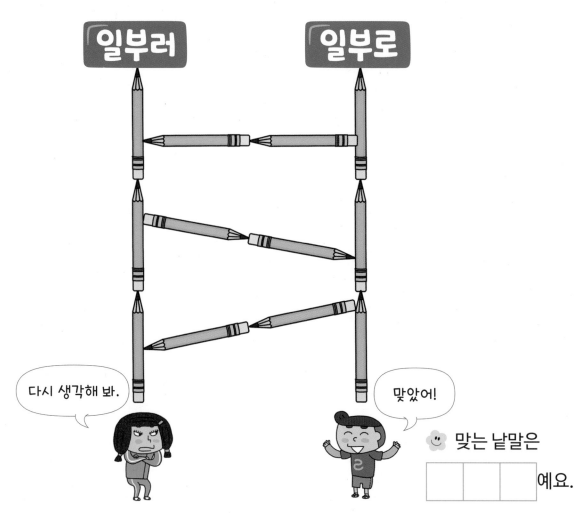

😊 맞는 낱말은

▢▢▢ 예요.

일부러 우스운 행동을 해서라도 누군가를 웃게 해 준 적이 있나요? '일부러'는 어떤 목적이나 생각을 가지고 뭔가 일을 하려는 상황에서 쓰는 말이에요. '일부로'라고 잘못 쓰지 않도록 주의해요.

일부러: 어떤 생각을 가지고 마음을 써서. 알면서도 마음을 숨기고.

예 • 동생을 웃겨 주려고 **일부러** 우스운 표정을 지었어.
　• 선물을 주려고 **일부러** 친구를 찾아갔어.

1 밑줄 친 낱말을 바르게 고쳐 쓴 것은 무엇인가요? (   )

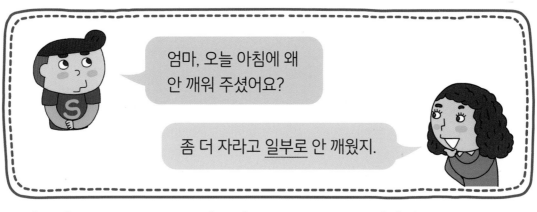

엄마, 오늘 아침에 왜 안 깨워 주셨어요?

좀 더 자라고 <u>일부로</u> 안 깨웠지.

① 일부러   ② 일브러   ③ 일불어

2 빈칸에 알맞은 낱말을 에서 골라 ○표를 해 보세요.

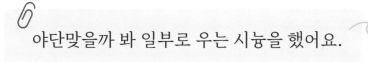

좋은 물건을 사려고   여기까지 왔어요.

일부로

일부러

3 틀린 낱말에 ✕표를 한 다음 바르게 고쳐 써 보세요.

야단맞을까 봐 일부로 우는 시늉을 했어요.

❋ 다음 낱말을 넣어 문장을 써 보세요.

일부러 _____

하려고일까? 할려고일까?

🌸 맞는 낱말을 따라가면 고래를 만날 수 있어요. 길을 따라가 빈칸에 알맞은 낱말을 써 보세요.

숙제를 [　　　] 책상 앞에 앉았다.

할려고

하려고

😊 맞는 낱말은 [　][　][　] 예요.

사전에서 꼼꼼

숙제를 해야 하는데 막상 시작하기는 쉽지 않지요. 그래도 일단 책상 앞에 앉으면 금세 할 수 있을 거예요. '하려고'는 어떤 행동을 할 목적을 가지고 있음을 나타내는 말이에요. '할려고'가 아니니 주의해요.

'가다, 자다'의 경우에도
'갈려고, 잘려고'가 아니라
'가려고, 자려고'로 써야 해.

하려고: 어떤 행동이나 동작, 활동 등을 행하려고.
예 숙제를 하려고 책상 앞에 앉았다.

1 밑줄 친 낱말을 바르게 고쳐 쓴 것은 무엇인가요? (　　　)

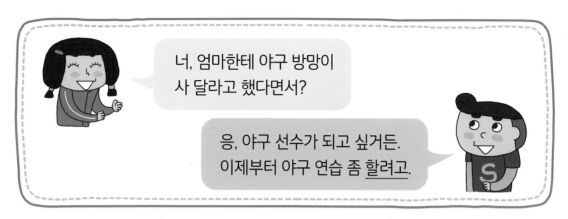

너, 엄마한테 야구 방망이 사 달라고 했다면서?

응, 야구 선수가 되고 싶거든. 이제부터 야구 연습 좀 <u>할려고</u>.

① 할라고　　　　② 하라고　　　　③ 하려고

2 문장에 알맞은 낱말을 ●●에서 골라 ○표를 해 보세요.

어젯밤에 일찍 **잘려고** **자려고** 했지만 잠이 안 왔어요.

3 틀린 낱말에 ✕표를 한 다음 바르게 고쳐 써 보세요.

친구들과 축구를 할려고 운동장으로 나갔다.

❈ 다음 낱말을 넣어 문장을 써 보세요.

하려고

할게일까? 할께일까?

☺ 휴대 전화 비밀번호 패턴을 따라가면 마지막 점에 맞는 낱말이 나와요. 보기 와 같이 그려 보면서 빈칸에 알맞은 낱말을 써 보세요.

> 내가 전학을 가더라도 자주 연락 ⬛⬛ .

보기

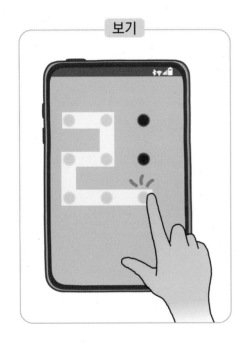

☺ 맞는 낱말은 ⬜⬜ 예요.

전학 간 친구와 자주 연락한다면 오랫동안 우정을 나눌 수 있겠지요? '할게'는 말하는 사람이 듣는 사람에게 어떤 행동을 하겠다는 약속이나 의지를 나타낼 때 쓰는 말이에요. 소리 나는 대로 '할께'라고 쓰지 않도록 주의해요.

어떤 행동을 하겠다는 뜻을 나타낼 때 '할 거야'라는 말도 쓰는데, 이때도 '할 꺼야'라고 쓰지 않도록 해.

할게: 어떤 일이나 행동을 하겠다는 뜻.
예 내가 전학을 가더라도 자주 연락할게.

1 밑줄 친 낱말을 바르게 고쳐 쓴 것은 무엇인가요? (   )

이번 어버이날에는 선물 대신 집안일을 도와 드리는 게 어떨까? 청소 같은 것 말이야.

좋은 생각이야. 그럼 난 신발 정리를 <u>할께</u>.

① 할개   ② 하께   ③ 할게

2 빈칸에 알맞은 낱말을 ⬤에서 골라 ○표를 해 보세요.

나는 커서 지구 환경을 보호하는 일을 [   ].

할 꺼야

할 거야

3 틀린 낱말에 ✕표를 한 다음 바르게 고쳐 써 보세요.

우리 모둠의 발표는 내가 할께.

✎

❋ 다음 낱말을 넣어 문장을 써 보세요.

할게   _____

1~4 다음 글을 읽고 물음에 답해 보세요.

▌▌ 방귀쟁이 며느리

고왔던 며느리의 얼굴이 ㉠웬지 누렇게 변해 갔어요. 시어머니는 걱정이 되어 며느리에게 물었지요.

"애야, 혹시 어디가 아픈 게냐?"

며느리는 말없이 고개만 저었어요.

㉡몇일 동안 며느리의 표정을 살피던 시아버지도 걱정이 되었어요. 그래서 며느리를 불러 조용히 물었지요.

"아가, 어려워하지 말고 무슨 걱정이 있는지 말해 다오."

며느리는 그제야 ㉢ 입을 열었어요.

"아버님, 실은 바, 방귀를 오래 참아서 그렇습니다."

1 며느리의 얼굴이 누렇게 변해 간 까닭은 무엇인가요? (   )

① 속상해서   ② 머리가 아파서   ③ 방귀를 오래 참아서

2 ㉠'웬지'를 바르게 고쳐 쓴 낱말에 ○표를 해 보세요.

왠지   왼지

3 ㉡'몇일'을 바르게 고쳐 쓴 것은 무엇인가요? (   )

① 멏칠   ② 몇일   ③ 며칠

4 ㉢에 알맞은 낱말을 보기 에서 골라 문장을 완성해 보세요.

보기   쑥스러워하며   쑥쓰러워하며   쑥시러워하며

• 며느리는 그제야 ✎ [   ] 입을 열었어요.

5~7 다음 글을 읽고 물음에 답해 보세요.

▌▌ 까마귀와 여우

까마귀 한 마리가 치즈를 물고 나뭇가지 위에 앉아 있었어요. 지나가던 여우는 까마귀의 치즈가 탐이 나서 ⓐ ㉠ 나무 밑으로 다가갔지요.

"당신은 정말 멋진 깃털을 가졌군요. 밤하늘처럼 신비롭고 아름다워요."

여우가 칭찬을 늘어놓자 까마귀는 기분이 우쭐해졌어요.

"새들이 모두 당신과 ㉡사기고 싶어 하겠지요? 이토록 외모가 뛰어나니 목소리는 또 얼마나 우아하고 훌륭할까요?"

여우의 칭찬에 신이 난 까마귀는 큰 소리로 '까악' 울었어요. 그러자 물고 있던 치즈가 바닥으로 툭 떨어졌지요. 까마귀는 아차 싶었지만 이미 늦었어요. 여우는 치즈를 물고 ㉢금새 달아나 버렸답니다.

5 여우가 까마귀를 칭찬한 까닭은 무엇인가요? (   )

① 까마귀의 깃털이 멋져서
② 까마귀의 치즈가 탐이 나서
③ 까마귀의 목소리가 듣고 싶어서

6 ㉠에 알맞은 낱말은 무엇인가요? (   )

① 일부러   ② 일브러   ③ 일부로

7 ㉡'사기고'와 ㉢'금새'를 바르게 고쳐 쓴 것은 무엇인가요? (   )

	㉡	㉢
①	사귀고	금시
②	사귀고	금세
③	새기고	곰세

낱말과 낱말 사이

낱말과 낱말 사이는 띄어 써요.

문장이나 구절을 쓸 때, 또는 여러 낱말을 나열할 때 각 낱말은 띄어 써야 해요. 그래야 글을 잘 이해할 수 있어요.

예 · 늦잠✓자기✓좋은✓날   · 너✓아침밥✓먹었니?

　　· 나✓너✓좋아해.

➕ **한글 맞춤법 제2항** 문장의 각 단어는 띄어 씀을 원칙으로 한다.

1 띄어 써야 할 곳이 바르게 표시된 것은 무엇인가요? (   )

① 늦잠자기✔좋은✔일요일아침

② 늦잠자기✔좋은일요일✔아침

③ 늦잠✔자기✔좋은✔일요일✔아침

2 띄어쓰기가 바른 것은 무엇인가요? (   )

①
멍	멍	짖	는		강	아	지

②
바	른	자	세		바	른	글	씨

③
푸	른		하	늘		은	하	수

3 보기 와 같이 띄어 써야 할 곳에 모두 ✔표를 해 보세요.

보기   어제✔무척✔재미있게✔놀았어.

(1) 찰칵사진찍기   (2) 바람솔솔부는언덕

4 보기 와 같이 띄어 써야 할 곳에 모두 ✔표를 하고 바르게 띄어 써 보세요.

보기

행복한✔우리✔가족 →
행	복	한		우	리		가	족

즐거운음악시간 →

조사 (다른 말 뒤에 붙어 뜻을 도와주는 말)
은/는, 이/가, 을/를, 와/과, 의, 에, 에서, 부터, 까지

조사는 앞말에 붙여 써요.

다른 말 뒤에 붙어서 그 말의 뜻이나 역할을 도와주는 낱말을 조사라고 해요. 조사는 앞말에 붙여 써요.

예
- 나는✔책을✔좋아해요.
- 이것이✔너의✔책이니?
- 오늘부터✔학교에✔가요.

- 동생과✔피자를✔먹었다.
- 내✔키가✔누나와✔비슷해졌다.
- 학교에서✔내일까지✔음악회를✔해요.

➕ **한글 맞춤법 제41항** 조사는 그 앞말에 붙여 쓴다.

1 띄어 써야 할 곳이 바르게 표시된 것은 무엇인가요? (　　)

① 하늘에서✔눈이✔펑펑내려요.　　② 하늘에서✔눈이✔펑펑✔내려요.

③ 하늘✔에서✔눈✔이✔펑펑✔내려요.

2 띄어쓰기가 바른 것은 무엇인가요? (　　)

① | 형 | 은 | | 안 | 경 | | 을 | | | 썼 | 어 | 요 | . |

② | 아 | 빠 | | 와 | | 산 | | 에 | | 갔 | 어 | 요 | . |

③ | 누 | 나 | 의 | | 키 | 가 | | 나 | 보 | 다 | | 커 | 요 | . |

3 보기 와 같이 띄어 써야 할 곳에 모두 ✔표를 해 보세요.

> 보기　　바다에서✔수영을✔했어요.

(1) 동생과함께피자를먹었다.　　(2) 내일부터태권도를배우러가요.

4 보기 와 같이 띄어 써야 할 곳에 모두 ✔표를 하고 바르게 띄어 써 보세요.

> 보기
>
> 밤✔까지✔비가왔다. → | 밤 | 까 | 지 | | 비 | 가 | | 왔 | 다 | . |

집으로함께가자. → | | | | | | | | | | . |

2

소리와
쓰임이
다른 낱말

가르치다와 가리키다

😊 질문의 답이 맞으면 **예**, 틀리면 **아니요**를 선택하며 목적지까지 이동해 보세요.

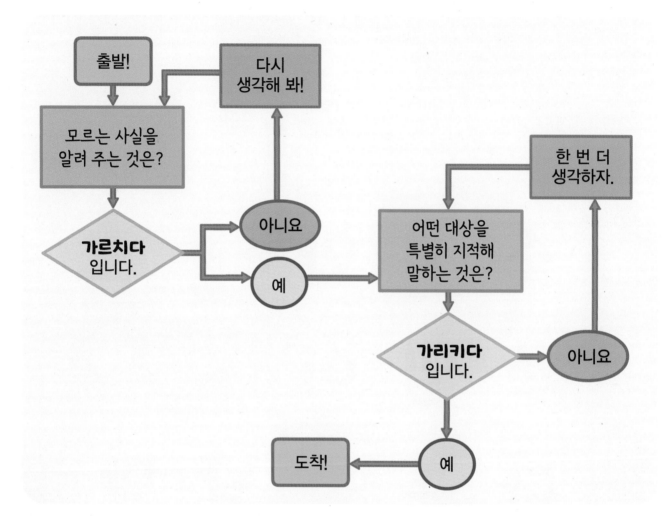

선생님께서 지식이나 기술 등을 알려 주시는 것은 '가르치다'이고, 손가락이나 막대로 칠판이나 대상을 보게 하는 것은 '가리키다'예요. 발음이 비슷해서 헷갈리는 경우가 있으니 주의해요.

가르치다: 지식이나 기술 등을 설명해서 익히게 하다.
예 • 한글을 가르치다.
  • 선생님께서 덧셈을 가르쳐 주셨어.

가리키다: 손가락 등을 어떤 방향이나 대상으로 향하게 하여 그것을 알게 하다.
예 • 남쪽을 가리키다.
  • 형이 가리키는 곳을 보았다.

1 밑줄 친 낱말을 바르게 고쳐 쓴 것은 무엇인가요? (　　　)

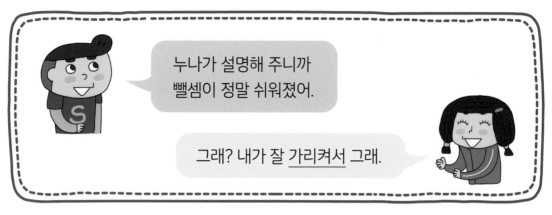

누나가 설명해 주니까 뺄셈이 정말 쉬워졌어.

그래? 내가 잘 <u>가리켜서</u> 그래.

① 가르쳐서　　　　② 가리쳐서　　　　③ 가르켜서

2 문장에 알맞은 낱말을 ⬤⬤⬤에서 골라 ○표를 해 보세요.

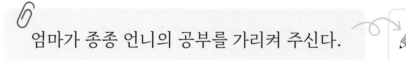

아빠가 손으로 길 건너 건물을 　가르치셨어　　가리키셨어　.

3 틀린 낱말에 ✕표를 한 다음 바르게 고쳐 써 보세요.

엄마가 종종 언니의 공부를 가리켜 주신다.

❋ 다음 낱말을 넣어 문장을 써 보세요.

가리키면서 ✎ _____

껍데기와 껍질

네 고개 놀이를 하며 빈칸에 알맞은 낱말을 보기 에서 골라 써 보세요.

달걀 ☐☐☐ 이/가 단단하다.

한 고개 세 글자 낱말이에요.

↓

두 고개 마지막 글자는 **기**예요.

↓

세 고개 두 번째 글자는 **데**예요.

↓

네 고개 겉을 싸고 있는 단단한 물질을 뜻해요.

보기
- 껍질
- 쓰레기
- 껍데기
- 코딱지
- 번데기

맞는 낱말은 ☐☐☐ 예요.

사전에서 꼼꼼

달걀 겉의 단단한 부분은 껍데기일까요, 껍질일까요? 포도나 복숭아의 겉 부분은요? '껍데기'는 달걀처럼 단단한 겉 부분을 말해요. 그리고 '껍질'은 포도나 복숭아같이 단단하지 않은 겉 부분이지요. 잘 구분해서 쓰도록 해요.

껍데기: 달걀이나 조개 등의 겉을 싸고 있는 단단한 것.
예 달걀 **껍데기**가 단단하다.

껍질: 물체의 겉을 싸고 있는 단단하지 않은 것.
예 귤의 **껍질**을 까다.

1 밑줄 친 낱말을 바르게 고쳐 쓴 것은 무엇인가요? (   )

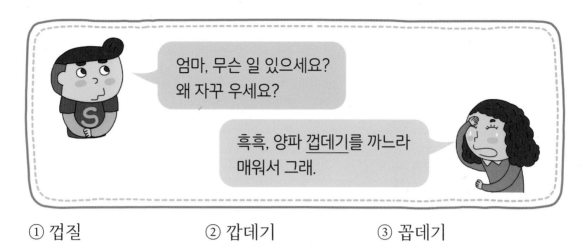

① 껍질   ② 깝데기   ③ 꼽데기

2 맞춤법에 맞는 낱말에 ○표를 하고 문장을 완성해 보세요.

껍데기

껍질

● 소라 ✏ _____ 를 귀에 대면 파도 소리가 들려.

3 틀린 낱말에 ✕표를 한 다음 바르게 고쳐 써 보세요.

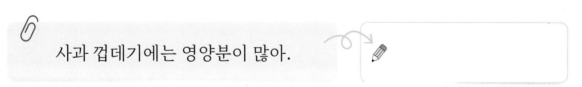

사과 껍데기에는 영양분이 많아.   ✏ _____

실력이 쑥쑥

❀ 다음 낱말을 넣어 문장을 써 보세요.

껍질 ✏ _____

낫다와 낳다

😊 보기 처럼 주어진 기호에 해당하는 글자를 모아 빈칸에 써 보세요.

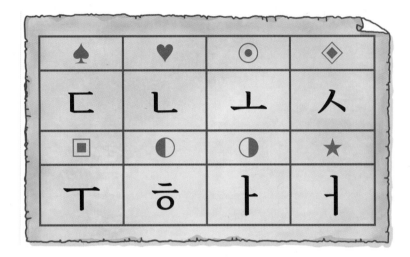

(1) 어미 소가 송아지를

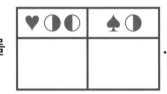

(2) 손에 생긴 상처가

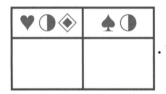

사전에서 꼼꼼

손에 생긴 상처가 좋아지는 것은 '낫다'일까요, '낳다'일까요? 맞아요. '낫다'지요. '낫다'와 '낳다'는 뜻도 다르지만 읽을 때 소리도 달라요. '낫다'는 [낟:따]라고 읽고, '낳다'는 [나:타]라고 읽어요. 헷갈리지 않게 소리 내어 읽으면서 뜻을 구별해 봐요.

'낫다'와 소리가 비슷한 말로 '낮다'가 있어. '낮다'는 '아래에서 위까지의 길이가 짧다.'는 뜻으로 '높다'의 반대말이야.

낫다: 병이나 상처 등이 없어져 본래대로 되다.	낳다: 배 속의 아이나 새끼, 알을 몸 밖으로 내보내다.
예 · 손에 생긴 상처가 낫다. · 병이 다 나아서 몸이 튼튼해졌다.	예 · 어미 소가 송아지를 낳다. · 우리 개가 새끼를 낳아서 기분이 좋아.

1 밑줄 친 낱말을 바르게 고쳐 쓴 것은 무엇인가요? (   )

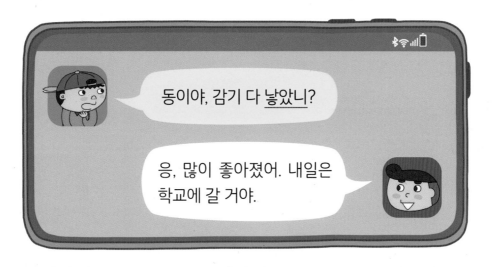

동이야, 감기 다 <u>낳았니</u>?

응, 많이 좋아졌어. 내일은 학교에 갈 거야.

낫(다)의 뒤에 '아', '으' 등이 오면 ㅅ받침이 없어져.

① 나았니   ② 낫았니   ③ 낮았니

2 그림에 알맞은 문장을 이어 보세요.

(1)    • ① 다리가 다 <u>나았어요</u>.

(2)   • ② 산새가 알을 <u>낳았어요</u>.

3 틀린 낱말에 ✕표를 한 다음 바르게 고쳐 써 보세요.

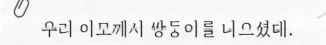

우리 이모께서 쌍둥이를 니으셨데.   🖉

❋ 다음 낱말을 넣어 문장을 써 보세요.

낳으면   🖉 _____

다르다와 틀리다

🌸 칠교판에서 뽑은 조각에 쓰인 낱말을 빈칸에 넣어 문장을 완성해 보세요.

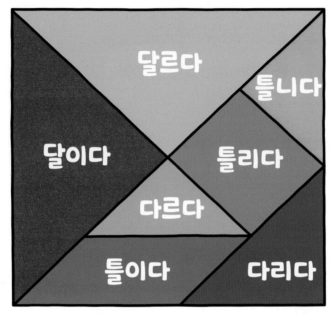

(1) 참외와 수박은 모양이  .

⇒ ☐☐☐

(2) 맞춤법이 .

⇒ ☐☐☐

'다르다'의 뜻을
틀리게 쓰지 말자!

사전에서 꼼꼼

참외와 수박은 모양이 서로 틀릴까요, 다를까요? 네, 다르지요. '다르다'는 참외와 수박처럼 비교하는 대상이 서로 같지 않을 때 쓰는 말이고, '틀리다'는 어떠한 사실이나 문제의 답 등이 맞지 않는다는 뜻이랍니다.

다르다: 두 개의 대상이 서로 같지 않다.	**틀리다**: 계산이나 답, 사실 등이 맞지 않다.
예 • 참외와 수박은 모양이 다르다. • 내 생각은 너와 달라.	예 • 맞춤법이 틀리다. • 내가 푼 문제가 또 틀렸어.

1 밑줄 친 낱말을 바르게 고쳐 쓴 것은 무엇인가요? (   )

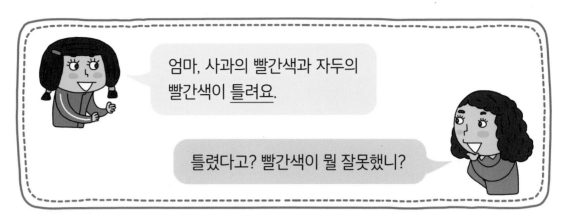

엄마, 사과의 빨간색과 자두의 빨간색이 <u>틀려요</u>.

틀렸다고? 빨간색이 뭘 잘못했니?

① 틀리요   ② 돌라요   ③ 달라요

2 그림에 알맞은 낱말을 이어 보세요.

(1)   •   • ① 틀리다

(2)   •   • ② 다르다

3 틀린 낱말에 ✕표를 한 다음 바르게 고쳐 써 보세요.

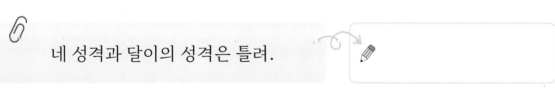

네 성격과 달이의 성격은 틀려.

실력이 쑥쑥

✿ 다음 낱말을 넣어 문장을 써 보세요.

틀렸어요

바라다와 바래다

🌸 큐브 색깔에 해당하는 글자를 모아 낱말을 완성해 보세요.

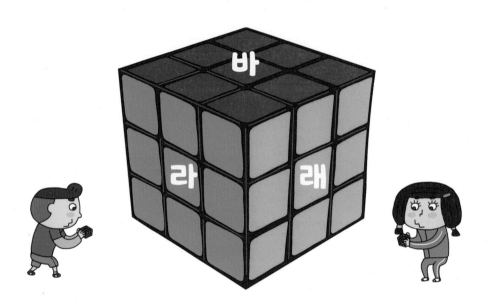

(1) 소원이 이루어지기를 다.

➡ | | | 다 | .

(2) 청바지의 색이 다.

➡ | | | 다 | .

사전에서 꼼꼼

지금 여러분의 소원은 무엇인가요? '바라다'라는 말은 무언가를 기대하는 것이에요. 그리고 '바라다'와 비슷해 보이지만 뜻이 전혀 다른 '바래다'라는 말도 있어요. 햇빛 아래 오랜 시간 둔 옷이나 종이의 색이 변할 때는 '색이 바랬네!'라고 말해요.

어린이 여러분,
모두 행복하길
바라요!

바라다: 생각이나 희망대로 어떤 일이 이루어지기를 기대하다.

예 • 소원이 이루어지기를 바라다.
　• 네가 공을 꼭 넣기를 바랄게.

바래다: 볕이나 습기 때문에 색이 희미해지거나 변하다.

예 • 청바지의 색이 바래다.
　• 누렇게 바랜 종이 위에 글씨를 썼다.

1 밑줄 친 낱말을 바르게 고쳐 쓴 것은 무엇인가요? (   )

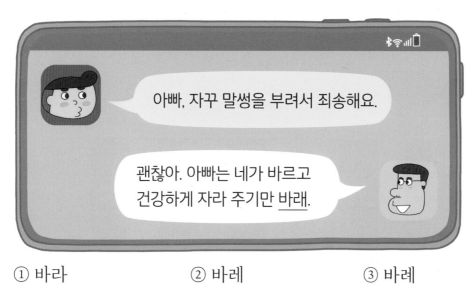

아빠, 자꾸 말썽을 부려서 죄송해요.

괜찮아. 아빠는 네가 바르고 건강하게 자라 주기만 <u>바래</u>.

① 바라   ② 바레   ③ 바례

2 빈칸에 알맞은 낱말을 이어 보세요.

(1) 그 말이 사실이 아니기를 [   ]. •   • ① 바랬어요

(2) 흰옷이 누렇게 [   ]. •   • ② 바랐어요

3 틀린 낱말에 ✕표를 한 다음 바르게 고쳐 써 보세요.

이런! 내 검정 옷이 햇빛에 바랐네.

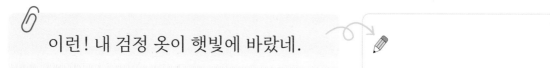

✱ 다음 낱말을 넣어 문장을 써 보세요.

바랐는데 _____

앉다와 않다

😊 피아노 건반을 누르면 어떤 글자가 될까요? 빈칸에 알맞은 낱말을 건반에서 찾아 써 보세요.

(1) 의자에 나란히 _____ .

(2) 날씨가 춥지 _____ .

'앉다[안따]'와 소리가 비슷한 말로, '아기를 품에 안다.'에 쓰인 '안다[안:따]'가 있어.

사전에서 꼼꼼

푹신한 의자에는 '앉을까요', '않을까요'? 네, 앉아야지요! '앉다'와 '않다'는 뜻도 다르지만 소리도 달라요. '앉다'는 [안따]라고 읽고, '않다'는 [안타]라고 읽어요. 헷갈리지 않게 소리 내어 읽으면서 뜻을 구별해 봐요.

앉다: 엉덩이에 몸무게를 실어 다른 물건이나 바닥에 몸을 올려놓다.	않다: 어떤 행동을 안 하다. 앞말이 뜻하는 행동을 부정하는 말.
예 • 의자에 나란히 앉다. • 돗자리에 앉아서 김밥을 먹자.	예 • 날씨가 춥지 않다. • 이 고추는 많이 맵지 않아요.

1 밑줄 친 낱말을 바르게 고쳐 쓴 것은 무엇인가요? (　　　)

달이야, 도착했니?

응, 방금 왔어. 난 지금 은행나무
아래에 있는 의자에 <u>않아</u> 있어.

① 안아　　　　　② 안자　　　　　③ 앉아

2 그림에 알맞은 문장을 이어 보세요.

(1)　　　　　　　　　•　　　　• ① 밥을 먹지 <u>않아서</u> 배가 고파요.

(2)　　　　　　　　　•　　　　• ② 마루에 <u>앉아서</u> 옥수수를 먹어요.

3 틀린 낱말에 ✕표를 한 다음 바르게 고쳐 써 보세요.

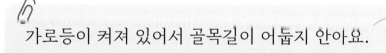

가로등이 켜져 있어서 골목길이 어둡지 안아요.

실력이 쑥쑥

❀ 다음 낱말을 넣어 문장을 써 보세요.

앉아서   _____

잃어버리다와 잊어버리다

😊 네 고개 놀이를 하며 빈칸에 알맞은 낱말을 보기 에서 골라 써 보세요.

> 아침에 갖고 나간 우산을 ＿＿＿＿＿.

 한 고개 마지막 글자는 다예요.

⬇

 두 고개 다섯 글자 낱말이에요.

⬇

 세 고개 받침이 두 개인 글자가 들어가요.

⬇

 네 고개 가졌던 물건을 더 이상 갖지 않게 된다는 뜻이에요.

보기
가지고
갖다주다
끓어넘치다
잊어버리다
잃어버리다

😊 맞는 낱말은 ＿＿＿＿＿ 예요.

사전에서 꼼꼼

비 오는 날에 우산을 잃어버리는 경우가 있지요. '잃어버리다'와 비슷한 말로 '잊어버리다'가 있어요. '잃어버리다[이러버리다]'는 물건이 없어진다는 뜻이고, '잊어버리다[이저버리다]'는 기억이 사라진다는 뜻이에요.

잃어버리다: 가졌던 물건을 흘리거나 놓쳐서 더 이상 갖지 않게 되다.	**잊어버리다**: 한번 알았던 것을 전혀 기억하지 못하다.
예 • 아침에 갖고 나간 우산을 잃어버리다. • 여기에 잃어버린 물건을 적으세요.	예 • 할 일을 깜박 잊어버리다. • 너와의 약속을 잊어버리지 않을게.

1 밑줄 친 낱말을 바르게 고쳐 쓴 것은 무엇인가요? (   )

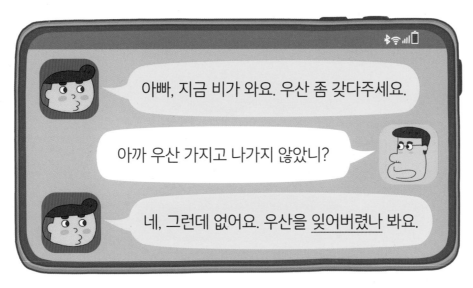

아빠, 지금 비가 와요. 우산 좀 갖다주세요.

아까 우산 가지고 나가지 않았니?

네, 그런데 없어요. 우산을 <u>잊어버렸나</u> 봐요.

① 일어버렸나   ② 잃어버렸나   ③ 읽어버렸나

2 문장에 알맞은 낱말을 [   ]에서 골라 ○표를 해 보세요.

잊어버리지

잃어버리지

● 현관문 비밀번호를 _____ 말고 잘 기억해.

3 틀린 낱말에 ×표를 한 다음 바르게 고쳐 써 보세요.

 동화책 제목이 뭐였는지 잃어버렸어.

✏️

✱ 다음 낱말을 넣어 문장을 써 보세요.

잃어버렸다 ✏️ _____

작다와 적다

😊 날씨 기호에 해당하는 글자를 모아 낱말을 완성해 보세요.

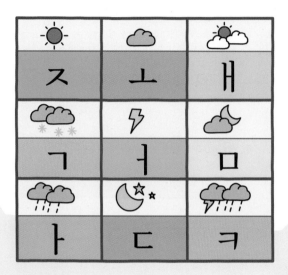

(1) 내 사탕의 크기가 더

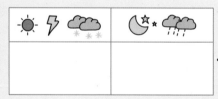	

(2) 내 사탕의 양이 더

사전에서 꼼꼼

'작다'의 반대말은 '크다'이고, '적다'의 반대말은 '많다'야.

사탕의 크기가 '작다'고 말해야 할까요, '적다'고 말해야 할까요? 사탕의 양이 '작다'고 해야 할까요, '적다'고 해야 할까요? 크기는 '작다'고 하고, 양은 '적다'고 말해요. '작다'와 '적다'는 비슷해 보이지만 쓰임이 다르니 헷갈리지 않도록 해요.

작다: 길이, 넓이, 부피 등이 비교 대상이나 보통보다 덜하다.

예 ・내 사탕의 크기가 더 **작다**.
・가방이 **작고** 귀엽다.

적다: 수나 양, 정도가 일정한 기준에 미치지 못하다.

예 ・내 사탕의 양이 더 **적다**.
・밥이 너무 **적어서** 배고팠지?

1 밑줄 친 낱말을 바르게 고친 것끼리 묶은 것은 무엇인가요? (   )

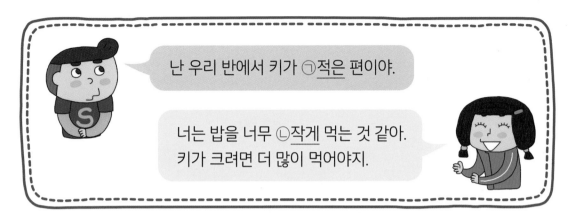

난 우리 반에서 키가 ㉠적은 편이야.

너는 밥을 너무 ㉡작게 먹는 것 같아. 키가 크려면 더 많이 먹어야지.

① ┌㉠좁은
　└㉡적게

② ┌㉠작은
　└㉡적게

③ ┌㉠쩍은
　└㉡짝게

2 문장에 알맞은 낱말을 ▢에서 골라 ○표를 해 보세요.

● 오늘 모인 학생 수가 너무 _____ .

작아요

적어요

3 틀린 낱말에 ✕표를 한 다음 바르게 고쳐 써 보세요.

동이의 손은 달이의 손보다 적어요.

✽ 다음 낱말을 넣어 문장을 써 보세요.

적게

주위와 주의

😊 큐브의 색깔에 해당하는 글자를 모아 낱말을 완성해 보세요.

(1) 달은 지구의 ▢▢ 를 돌고 있다.

⇒ ▢▢

(2) 눈길이 미끄러우니 ▢▢ 하세요.

⇒ ▢▢

 사전에서 꼼꼼

달이 지구의 주위를 돌고 있다는 사실을 알고 있나요? 이때 쓰이는 '주위'는 어떤 위험한 것을 주의하라고 할 때의 '주의'와 달라요. '주위[주위]'와 '주의[주:의 / 주:이]'는 비슷한 소리가 나는 것 같지만 분명히 다른 소리와 다른 뜻을 가진 낱말이에요.

주위: 어떤 곳의 바깥 둘레. 어떤 사물이나 사람을 둘러싸고 있는 것.

예 · 달은 지구의 주위를 돌고 있다.
　　· 벌써 주위가 어두워졌다.

주의: 마음에 새겨 두고 조심함. 어떤 상태나 일에 관심을 집중함.

예 · 눈길이 미끄러우니 주의하세요.
　　· 막내는 주의가 산만해 자주 실수를 한다.

1 밑줄 친 낱말을 바르게 고쳐 쓴 것은 무엇인가요? (   )

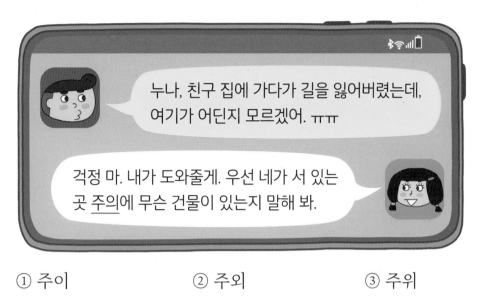

누나, 친구 집에 가다가 길을 잃어버렸는데,
여기가 어딘지 모르겠어. ㅠㅠ

걱정 마. 내가 도와줄게. 우선 네가 서 있는
곳 주의에 무슨 건물이 있는지 말해 봐.

① 주이   ② 주외   ③ 주위

2 문장에 알맞은 낱말을 ●에서 골라 ○표를 해 보세요.

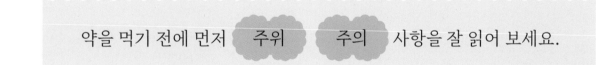

약을 먹기 전에 먼저   주위   주의   사항을 잘 읽어 보세요.

3 틀린 낱말에 ✕표를 한 다음 바르게 고쳐 써 보세요.

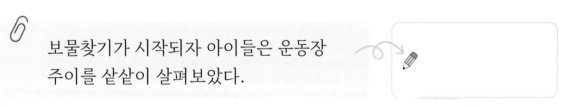

보물찾기가 시작되자 아이들은 운동장
주이를 샅샅이 살펴보았다.

❋ 다음 낱말을 넣어 문장을 써 보세요.

주의   _____

찢다와 찧다

질문의 답이 맞으면 **예**, 틀리면 **아니요**를 선택하며 목적지까지 이동해 보세요.

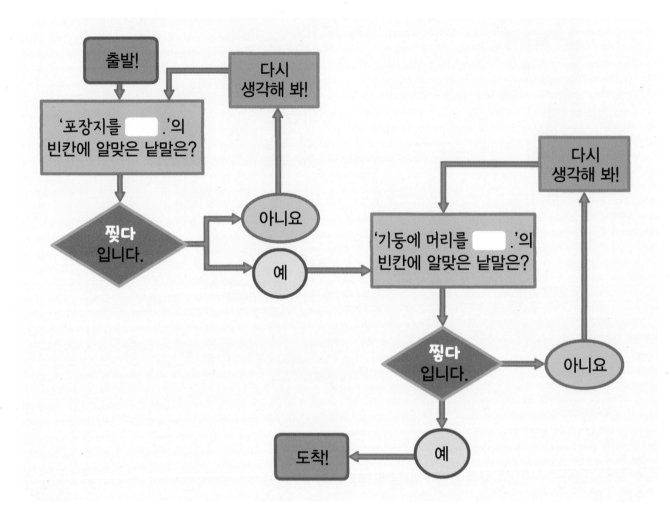

꼼꼼 사전에서

기둥에 머리를 부딪치는 것은 '찢다'일까요, '찧다'일까요? 맞아요, '찧다'를 써요. 비슷해 보이는 말로 '찢다'도 있는데, 종이 같은 것을 잡아당겨 가른다는 뜻으로 쓰이지요. '찧다'는 [찌타]로 소리 나고, '찢다'는 [찓따]로 소리 나므로 정확하게 읽으면서 뜻과 쓰임을 구별해 봐요.

> '떡방아를 찧다.'처럼 물체를 짓찧어서 잘게 만들 때에도 '찧다'를 써.

찢다: 물체를 잡아당기어 가르다.
- **예** · 포장지를 찢다.
  · 색종이를 찢어서 도화지에 붙였어요.

찧다: 어디에 부딪치다.
- **예** · 기둥에 머리를 찧다.
  · 문틀에 이마를 찧었어요.

1 밑줄 친 낱말을 바르게 고쳐 쓴 것은 무엇인가요? (   )

누나, 미안해. 내가 누나 그림을
실수로 찢어 버렸어.

괜찮아. 안 그래도 마음에 안 들어서
다시 그리려고 했거든.

① 찍어   ② 찢어   ③ 찌저

2 그림에 알맞은 문장을 이어 보세요.

(1)  •   • ① 봉투를 찢어서 안에 있는 물건을 꺼내요.

(2) •   • ② 문틀에 이마를 찧어서 혹이 났어요.

3 틀린 낱말에 ✕표를 한 다음 바르게 고쳐 써 보세요.

눈길에 미끄러져서 엉덩방아를 찢었다.

 실력이 쑥쑥

❀ 다음 낱말을 넣어 문장을 써 보세요.

찢어서 _____

1~4 다음 글을 읽고 물음에 답해 보세요.

▥ 금도끼 은도끼

나무꾼은 도끼를 연못에 빠뜨리고 어찌할 바를 몰라 엉엉 울었어요. 그때 연못 속에서 산신령이 번쩍번쩍한 금도끼를 들고 나타났어요.

"이 도끼를 당신이 빠뜨렸소?"

"아닙니다. 제 도끼는 그것과 ㉠틀리게 생겼습니다."

나무꾼이 정직하게 말하자, 산신령은 곧장 연못으로 들어갔어요. 잠시 후 산신령은 금도끼, 은도끼, 쇠도끼를 들고 나타났어요.

"이 중에서 당신 도끼가 어느 것이오?"

나무꾼은 쇠도끼를 손가락으로 ㉡ 말했어요.

"그 쇠도끼가 제 것입니다!"

1 나무꾼이 연못에 빠뜨린 것은 무엇인가요? ( )

① 금도끼   ② 은도끼   ③ 쇠도끼

2 나무꾼은 어떤 사람인가요? ( )

① 정직해요.   ② 욕심이 많아요.   ③ 거짓말을 잘해요.

3 ㉠'틀리게'를 바르게 고쳐 쓴 것은 무엇인가요? ( )

① 다르게   ② 바르게   ③ 비슷하게

4 ㉡에 알맞은 낱말에 ◯표를 해 보세요.

가르치며   가리키며

5~8 다음 글을 읽고 물음에 답해 보세요.

📖 부지런한 암탉

암탉은 아무도 도와주지 않아 혼자 밀을 심고 혼자 물을 주어 밀을 가꿨어요. 마침내 밀이 무럭무럭 자라서 이삭들이 누렇게 익었어요. 그러자 암탉이 친구들에게 물었지요.

"밀을 누구랑 거두어들이지?"

이번에도 돼지, 개, 고양이는 도와주지 ㉠ . 오히려 돼지는 게으름을 더 피웠고, 개는 심술을 더 부려댔으며, 고양이는 더 얌체처럼 굴었어요. 그래서 암탉은 혼자 밀을 거두어들였어요. 그리고 돼지, 개, 고양이를 보며 물었어요.

"밀가루를 만들려면 밀을 ㉡ 해. 누가 도와줄래?"

5 암탉이 혼자서 한 일을 빈칸에 알맞게 써 보세요.

> ✏️ [   ] 을 심고 가꾸고 거두어들인 일

6 친구들의 행동을 보기 에서 찾아 번호로 써 보세요.

> 보기 ① 심술을 부렸다.   ② 얌체처럼 굴었다.   ③ 게으름을 피웠다.

(1) 개 [   ]   (2) 돼지 [   ]   (3) 고양이 [   ]

7 ㉠ 에 알맞은 낱말에 ○표를 해 보세요.

앉았어요   않았어요

8 ㉡ 에 알맞은 낱말은 무엇인가요? (   )

① 찢어야   ② 찍어야   ③ 찧어야

수나 단위를 나타내는 말 ①

개, 명, 마리, 자루, 켤레, 벌

원리로 콕콕

단위를 나타내는 말은 앞말과 띄어 써요.

지우개는 한 개, 두 개, 사람은 한 명, 두 명, 동물은 한 마리, 두 마리……. 이렇게 세지요.
여기서 '개, 명, 마리'처럼 수를 세거나 단위를 나타내는 낱말은 앞말과 띄어 써요.

예
- 지우개✔두✔개
- 연필✔다섯✔자루
- 선수✔세✔명
- 운동화✔세✔켤레
- 참새✔일곱✔마리
- 바지✔세✔벌

➕ **한글 맞춤법 제43항** 단위를 나타내는 명사는 띄어 쓴다.

1 띄어 써야 할 곳이 바르게 표시된 것은 무엇인가요? (　　　)

① 치마✔두벌　　② 치마✔두✔벌　　③ 치마두✔벌

2 띄어쓰기가 바른 것은 무엇인가요? (　　　)

① | 어 | 린 | 이 | | 여 | 섯 | 명 |

② | 연 | 필 | | 다 | 섯 | 자 | 루 |

③ | 실 | 내 | 화 | | 두 | | 켤 | 레 |

3 보기 와 같이 띄어 써야 할 곳에 모두 ✔표를 해 보세요.

보기　　고양이✔세✔마리

(1) 사탕다섯개　　　　(2) 구두네켤레

4 보기 와 같이 띄어 써야 할 곳에 모두 ✔표를 하고 바르게 띄어 써 보세요.

보기

남자✔세✔명　→　| 남 | 자 | | 세 | | 명 |

바지다섯벌　→　| | | | | | |

수나 단위를 나타내는 말 ②

장, 살, 원, 채, 권, 대, 그루, 포기

원리로 콕콕

단위를 나타내는 낱말 사이는 띄어 써요. 단, 숫자와 함께 쓸 때는 붙여 쓸 수 있어요.

수를 세는 단위인 '장, 살, 원, 채, 권, 대, 그루, 포기' 등은 앞말과 띄어 써요. 하지만 단위를 나타내는 말이 순서를 나타내거나 숫자와 함께 쓰이면 붙여 쓸 수 있어요.

예
- 색종이✔다섯✔장
- 집✔다섯✔채
- 나무✔세✔그루
- 나이✔여덟✔살
- 교과서✔여섯✔권
- 풀✔네✔포기
- 돈✔오백✔원(돈 500원)
- 자동차✔두✔대

➕ 한글 맞춤법 제43항 단위를 나타내는 명사는 띄어 쓴다.
(다만, 순서를 나타내는 경우나 숫자와 어울리어 쓰이는 경우에는 붙여 쓸 수 있다.)

1 띄어 써야 할 곳이 바르게 표시된 것은 무엇인가요? (   )

① 공책✔다섯✔권   ② 공책✔다섯권   ③ 공✔책✔다섯권

2 띄어쓰기가 바른 것은 무엇인가요? (   )

① 아 파 트 　 두 채

② 종 이 　 여 섯 　 장

③ 시 금 치 　 세 포 기

3 보기 와 같이 띄어 써야 할 곳에 모두 ✔표를 해 보세요.

보기 　 나 무✔세✔그루

(1)　　책일곱권　　　　　(2)　　자동차두대

4 보기 와 같이 띄어 써야 할 곳에 모두 ✔표를 하고 바르게 띄어 써 보세요.

보기

색종이✔한✔장 → 색 종 이 　 한 　 장

나이아홉살 →

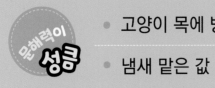

3

소리가

비슷하지만

쓰임이

다른 낱말

갔다와 갖다와 같다

🌸 다트 판에 그려진 동물에 해당하는 글자를 넣어 낱말을 완성해 보세요.

(1) 나는 동생과 키가 다.

➡ [　] 다

(2) 귀여운 곰 인형을 다.

➡ [　] 다

(3) 나는 어제 산에 다.

➡ [　] 다

'갔다'는 '가다'를 과거에 한 행동으로 나타낼 때 쓰는 말이야.
예 어제 학교에 <u>갔다</u>.

사전에서 꼼꼼

소리가 똑같지만 뜻은 완전히 다른 낱말 중에서 '같다'와 '갖다'와 '갔다'가 있어요. '같다'(예 색이 같다.), '갖다'(예 물건을 갖다.), '갔다'(예 산에 갔다.)는 모두 [갇따]로 소리 나지만 뜻은 각각 달라요. 뜻과 쓰임을 구별해서 헷갈리지 않도록 해요.

같다: 서로 다르지 않고 하나이다.
예
· 나는 동생과 키가 같다.
· 색이 같은 바지를 두 벌 샀다.

갖다: 무엇을 손에 쥐거나 몸에 지니다.
예
· 귀여운 곰 인형을 갖다.
· 우리 장난감을 갖고 놀자.

갔다: 한 곳에서 다른 곳으로 장소를 이동했다.
예
· 나는 어제 산에 갔다.
· 누가 왔다 갔나요?

1 밑줄 친 낱말을 바르게 고쳐 쓴 것은 무엇인가요? (   )

동이야, 부탁이 있어. 학원에 올 때 내 숙제 공책 좀 <u>같고</u> 와 줄래?

깜박하고 갔구나? 알았어. 갖다줄게.

① 갔고   ② 각고   ③ 갖고

2 보기 에서 쓰임에 알맞은 낱말을 골라 문장을 완성해 보세요.

보기   갔다   갖고   같지   같다

• 내가 [   ][   ] 있는 필통은 언니 것이랑 모양이 [   ][   ].

3 틀린 낱말에 ×표를 한 다음 바르게 고쳐 써 보세요.

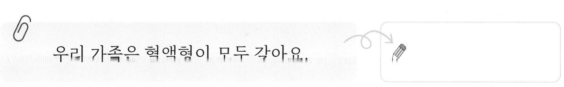

우리 가족은 혈액형이 모두 갔아요.

실력이 쑥쑥

❀ 다음 낱말을 넣어 문장을 써 보세요.

갔다 ✎ _____

느리다와 늘이다

😊 틀에 맞는 퍼즐 조각을 고르고, 조각에 쓰인 낱말을 넣어 문장을 완성해 보세요.

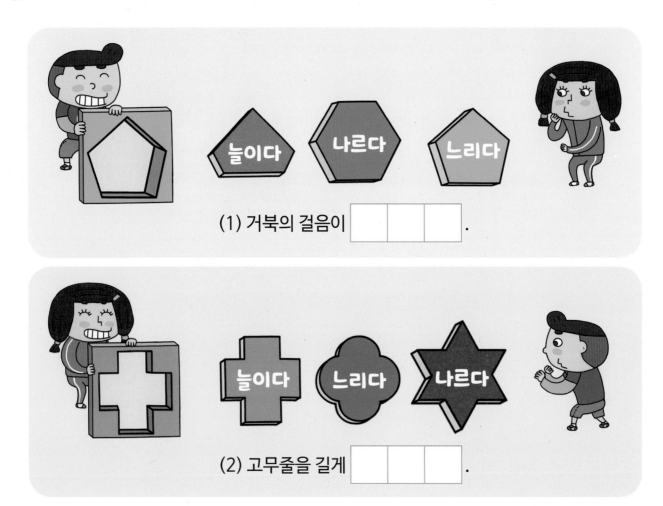

늘이다   나르다   느리다

(1) 거북의 걸음이 [ ][ ][ ] .

늘이다   느리다   나르다

(2) 고무줄을 길게 [ ][ ][ ] .

거북이 엉금엉금 기어가는 모습을 보면 어떤 느낌이 드나요? 거북의 걸음처럼 지나치게 천천히 행동하는 것을 '느리다'고 말해요. 그리고 고무줄 같은 것을 잡아당겨 길게 만들 때는 '늘이다'라고 말한답니다.

느리다: 어떤 행동을 하는 데 걸리는 시간이 길다.

예 · 거북의 걸음이 느리다.
· 달리는 속도가 느려요.

늘이다: 어떤 것을 원래보다 더 길어지게 하다.

예 · 고무줄을 길게 늘이다.
· 줄넘기의 길이를 늘였다.

1 밑줄 친 낱말을 바르게 고쳐 쓴 것은 무엇인가요? (   )

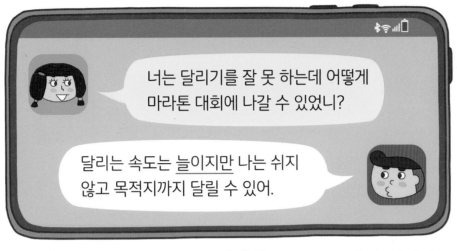

너는 달리기를 잘 못 하는데 어떻게 마라톤 대회에 나갈 수 있었니?

달리는 속도는 <u>늘이지만</u> 나는 쉬지 않고 목적지까지 달릴 수 있어.

① 늘지만   ② 느리지만   ③ 늘리지만

2 그림에 알맞은 낱말을 이어 보세요.

(1)  자전거가 •

• ① 늘이다

(2) 고무줄을 •

• ② 느리다

3 틀린 낱말에 ✕표를 한 다음 바르게 고쳐 써 보세요.

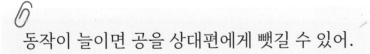 동작이 늘이면 공을 상대편에게 뺏길 수 있어.

❋ 다음 낱말을 넣어 문장을 써 보세요.

느려요 _____

다치다와 닫히다

😊 길을 따라가 빈칸에 알맞은 낱말을 써 보세요.

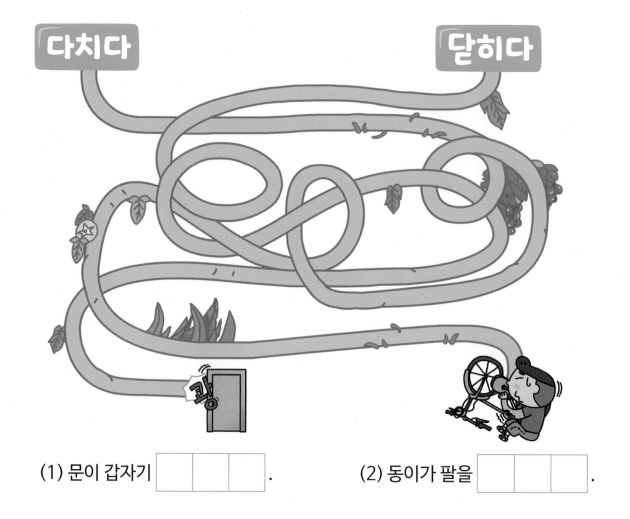

다치다   닫히다

(1) 문이 갑자기 [ ][ ][ ].   (2) 동이가 팔을 [ ][ ][ ].

사전에서 꼼꼼

문이 갑자기 닫힐 때는 다치지 않게 조심해야 해요. '다치다'와 '닫히다'는 모두 [다치다]로 소리가 나지만 뜻은 전혀 달라요. 이렇게 소리가 같은 낱말은 올바르게 구분해서 써야 뜻을 제대로 전달할 수 있답니다.

다치다: 부딪치거나 맞거나 하여 몸에 상처가 생기다. 예 · 동이가 팔을 **다치다**. · 어제 **다친** 무릎 좀 보자.	**닫히다**: 열린 문이나 뚜껑, 서랍 등이 다시 제자리로 가게 되다. 예 · 문이 갑자기 **닫히다**. · 굳게 **닫힌** 문이 열리지 않았다.

1 밑줄 친 낱말을 바르게 고쳐 쓴 것은 무엇인가요? (   )

소식 들었니? 송이가 눈길에 미끄러져서 입원했대.

저런! 많이 <u>닫혔대</u>?

① 닫쳤대   ② 닫쳗대   ③ 다쳤대

2 문장에 알맞은 낱말을 ▢ 에서 골라 ○표를 해 보세요.

(1) 문이 갑자기   다쳐서   닫혀서   깜짝 놀랐어요.

(2) 팔을   다쳐서   닫혀서   많이 아팠어요.

3 틀린 낱말에 ✕표를 한 다음 바르게 고쳐 써 보세요.

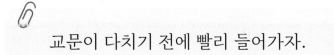

교문이 다치기 전에 빨리 들어가자.

실력이 쑥쑥

✿ 다음 낱말을 넣어 문장을 써 보세요.

닫혀서

담다와 닮다

😊 같은 색 징검다리를 건너면 나오는 낱말을 선으로 잇고 빈칸에 써 보세요.

 담다

 닮다

(1) 바구니에 딸기를 ☐☐ .

(2) 생김새가 ☐☐ .

사전에서 꼼꼼

동생이 바구니에 딸기를 담을까요, 닮을까요? 딸기를 바구니에 넣을 때는 '담다'라고 써요. 그리고 생김새가 비슷한 쌍둥이는 '닮다'라고 쓰지요. '담다'와 '닮다'는 [담ː따]로 소리가 같지만 쓰임은 다르니 주의해요.

담다: 어떤 물건을 그릇 등에 넣다.
예 · 바구니에 딸기를 담다.
· 그릇에 국을 담아요.

닮다: 사람이나 물건 등이 서로 비슷한 생김새나 성질을 갖다.
예 · 생김새가 닮다.
· 엄마와 딸이 많이 닮았구나!

1 밑줄 친 낱말을 바르게 고쳐 쓴 것은 무엇인가요? (   )

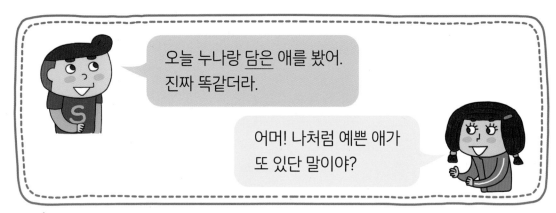

오늘 누나랑 <u>담은</u> 애를 봤어.
진짜 똑같더라.

어머! 나처럼 예쁜 애가
또 있단 말이야?

① 달은   ② 담근   ③ 닮은

2 문장에 알맞은 낱말을 　에서 골라 ○표를 해 보세요.

(1) 나와 짝은 　담은　 　닮은　 점이 아주 많다.

(2) 흩어져 있는 콩을 그릇에 　담아　 　닮아　 주겠니?

3 틀린 낱말에 ✕표를 한 다음 바르게 고쳐 써 보세요.

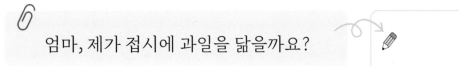

엄마, 제가 접시에 과일을 닮을까요?

실력이 쑥쑥

❋ 다음 낱말을 넣어 문장을 써 보세요.

닮았어요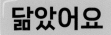

마치다와 맞히다

😊 다트 판의 간식에 해당하는 글자를 빈칸에 써서 낱말을 완성해 보세요.

(1) 숙제를 모두 다.

➡ | | |다|

(2) 문제의 정답을 다.

➡ | | |다|

눈덩이를 던져서
목표 지점에 맞게
하는 것도 '맞히다'야.

 사전에서 꼼꼼

많은 숙제를 다 끝내면 마음이 가벼워지지요? 이렇게 하던 일을 끝내는 것을 '마치다'라고 말해요. 그리고 퀴즈 대회에서 정답을 척척 말하는 경우에는 '맞히다'라고 한답니다.

마치다: 하던 일이나 과정이 끝나다.

예 • 숙제를 모두 마치다.
• 수업을 마치고 운동장에서 놀자.

맞히다: 문제에 대한 답을 옳게 말하다.

예 • 문제의 정답을 맞히다.
• 현수가 답을 많이 맞혔다.

1 밑줄 친 낱말을 바르게 고쳐 쓴 것은 무엇인가요? (   )

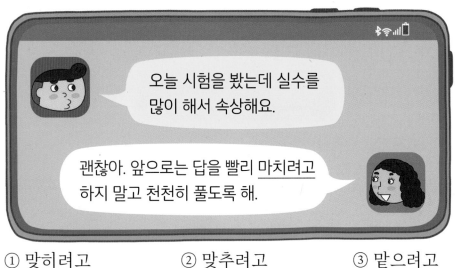

오늘 시험을 봤는데 실수를 많이 해서 속상해요.

괜찮아. 앞으로는 답을 빨리 마치려고 하지 말고 천천히 풀도록 해.

① 맞히려고   ② 맞추려고   ③ 맡으려고

2 밑줄 친 낱말이 바르게 쓰인 것에는 ○표를, 잘못 쓰인 것에는 ✕표를 해 보세요.

(1) 열 문제 중 아홉 개의 답을 마쳤다.   [ ]

(2) 방 정리를 마친 뒤 동생과 게임을 하기로 했다.   [ ]

3 틀린 낱말에 ✕표를 한 다음 바르게 고쳐 써 보세요.

가수가 노래를 맞히자 모두 일어서서 박수를 쳤다.

❀ 다음 낱말을 넣어 문장을 써 보세요.

마치고

맞다와 맡다

😊 명령어대로 를 옮겨서 낱말을 찾은 다음, 빈칸에 써서 문장을 완성해 보세요.

명령어

♟를 오른쪽으로 한 칸,
위쪽으로 한 칸,
왼쪽으로 한 칸 옮겨라. 답은?

(1) 네가 한 말이 ☐☐ .

명령어

♟를 왼쪽으로 한 칸,
아래쪽으로 한 칸 옮겨라.
답은?

(2) 이상한 냄새를 ☐☐ .

맜다	맞다	막다
맛다	♛	맸다
맡다	맏다	맞다

사전에서 꼼꼼

'맞다'의 반대말은 '틀리다'야.

'네가 한 말이 맞다.', '이상한 냄새를 맡다.'라고 말할 때 '맞다'와 '맡다'는 [맏따]로 소리가 같아요. 그런데 '맞아요'는 [마자요]로 읽고 '맡아요'는 [마타요]로 읽어요. 쓰임에 따라 잘 구분해서 사용해요.

맞다: 문제에 대한 답이 틀리지 않다.
예 • 네가 한 말이 **맞다**.
　　• 문제의 답이 다 **맞아요**.

맡다: 코로 냄새를 맡다.
예 • 이상한 냄새를 **맡다**.
　　• 개는 냄새를 잘 **맡아요**.

1 밑줄 친 낱말을 바르게 고쳐 쓴 것은 무엇인가요? (   )

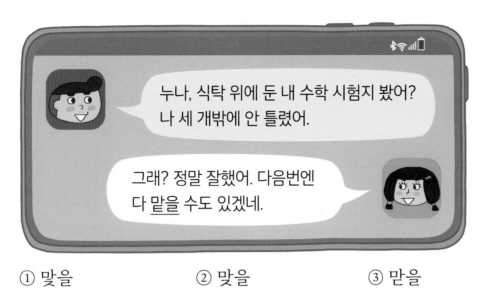

누나, 식탁 위에 둔 내 수학 시험지 봤어?
나 세 개밖에 안 틀렸어.

그래? 정말 잘했어. 다음번엔
다 <u>맡을</u> 수도 있겠네.

① 맞을   ② 맞을   ③ 맏을

2 맞춤법에 맞는 낱말에 ○표를 하고 문장을 완성해 보세요.

● 옷이 아주 예쁘게 잘 ✎ [   ].

맞아

맡아

3 틀린 낱말에 ✕표를 한 다음 바르게 고쳐 써 보세요.

우리 강아지 몽이는 냄새를 아주 잘 맞아.   ✎ [   ]

❋ 다음 낱말을 넣어 문장을 써 보세요.

맞아   _____

메다와 매다

😊 주어진 그림에 해당하는 글자를 모아 낱말을 완성해 보세요.

(1) 어깨에 가방을   .

(2) 운동화 끈을   .

사전에서 꼼꼼

학교에 갈 때 항상 등에 지는 것은 무엇일까요? 네, 가방이에요. 가방을 등에 지는 것은 '메다'라고 써요. 그리고 달리기를 하려고 신발 끈을 단단히 묶을 때는 '매다'라는 말을 쓰지요.

논밭의 잡초를 뽑는 것도 '매다'라고 해.

메다: 어깨나 등에 물건을 올려놓다.
예 · 어깨에 가방을 메다.
· 배낭을 메고 등산을 합니다.

매다: 끈이나 줄을 풀어지지 않게 서로 묶다.
예 · 운동화 끈을 매다.
· 줄을 단단히 매어 주세요.

1 밑줄 친 낱말을 바르게 고쳐 쓴 것은 무엇인가요? (　　)

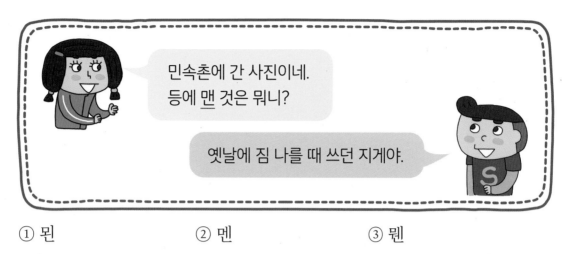

① 뮌　　　　　② 멘　　　　　③ 뭰

2 빈칸에 알맞은 낱말을 ☐에서 골라 써 보세요.

● 학교에 가려고 가방을 　.

메요

매요

3 틀린 낱말에 ✕표를 한 다음 바르게 고쳐 써 보세요.

신발 끈이 풀리지 않게 단단히 메도록 해.

✱ 다음 낱말을 넣어 문장을 써 보세요.

메고

반드시와 반듯이

☻ 질문의 답이 맞으면 **예**, 틀리면 **아니요**를 선택하며 목적지까지 이동해 보세요.

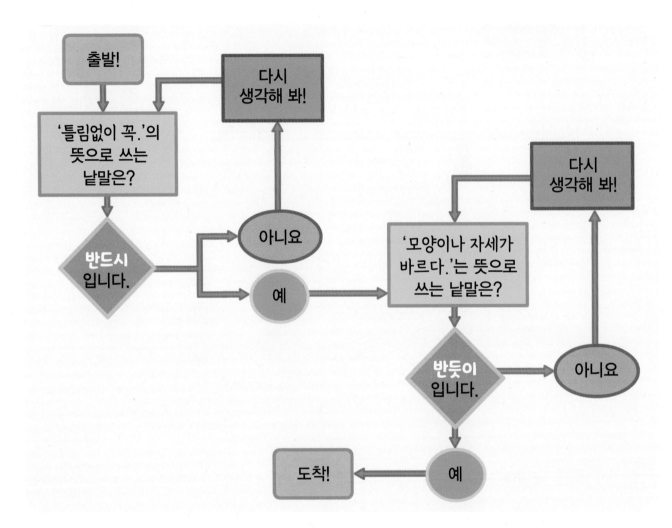

사전에서
꼼꼼

무엇을 반드시 하겠다고 결심해 본 적이 있나요? '반드시'는 뒤따라오는 말이 꼭 일어날 것임을 나타내는 말로, '틀림없이'와 같은 뜻이에요. 그리고 '반듯이'는 자세나 모양이 바른 것을 나타낼 때 쓰는 말로, '똑바로', '반듯하게'와 같은 뜻으로 사용하지요.

반드시: 틀림없이 꼭.

예 **반드시** 시간에 맞추어 오너라.

반듯이: 비뚤어지거나 굽거나 흐트러지지 않고 바르게.

예 의자에 **반듯이** 앉아 보세요.

1 밑줄 친 낱말을 바르게 고쳐 쓴 것은 무엇인가요? (   )

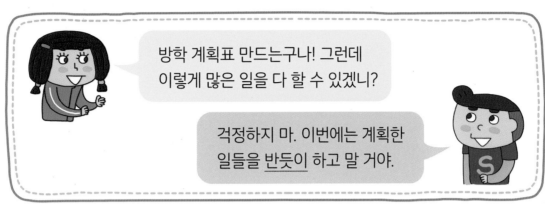

방학 계획표 만드는구나! 그런데 이렇게 많은 일을 다 할 수 있겠니?

걱정하지 마. 이번에는 계획한 일들을 <u>반듯이</u> 하고 말 거야.

① 반드시   ② 번듯이   ③ 반듣이

2 빈칸에 알맞은 낱말을 이어 보세요.

(1) 오늘은 [   ] 줄넘기 500개를 할 거야. •   • ①   반듯이

(2) 먼저 색종이를 반으로 [   ] 접으세요. •   • ②   반드시

3 틀린 낱말에 ✕표를 한 다음 바르게 고쳐 써 보세요.

여러분, 줄이 비뚤어졌으니 반드시 서 주세요.   ✎

실력이 쑥쑥

❀ 다음 낱말을 넣어 문장을 써 보세요.

반드시 _____

반드시와 반듯이 **87**

부치다와 붙이다

칠교판에서 뽑은 조각에 쓰인 낱말을 빈칸에 써 보세요.

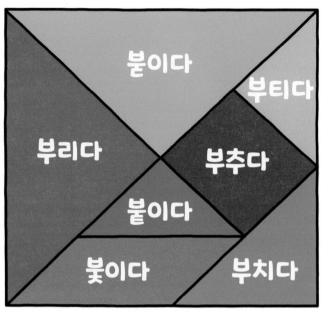

칠교판 내용:
붙이다
부티다
부리다
부추다
붙이다
붗이다
부치다

(1) 우체국에서 택배를 .

⇒ ☐ ☐ ☐

(2) 공책에 스티커를 .

⇒ ☐ ☐ ☐

손으로 쓴 편지나 카드를 직접 보낸 적이 있나요? 편지를 보내거나 택배로 물건을 보낼 때는 '부치다'라고 말해요. 그리고 풀이나 테이프를 사용해서 물건이 서로 떨어지지 않게 하는 것은 '붙이다'라고 하지요.

부치다: 편지나 물건 등을 보내다.
예 • 우체국에서 택배를 부치다.
• 이모가 부친 선물이 도착했다.

붙이다: 무엇에 닿아서 떨어지지 않게 하다.
예 • 공책에 스티커를 붙이다.
• 편지 봉투에 우표를 붙였다.

1 밑줄 친 낱말을 바르게 고쳐 쓴 것은 무엇인가요? (   )

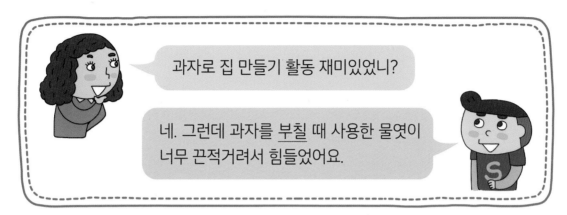

과자로 집 만들기 활동 재미있었니?

네. 그런데 과자를 부칠 때 사용한 물엿이 너무 끈적거려서 힘들었어요.

① 붗일   ② 붙일   ③ 붖일

2 문장에 알맞은 낱말을 □에서 골라 ○표를 해 보세요.

(1) 손가락을 다쳐서 반창고를 [부쳤어요 / 붙였어요] .

(2) 미국에 사는 사촌한테 카드를 썼는데, [부치는 / 붙이는] 방법을 모르겠어.

3 틀린 낱말에 ✕표를 한 다음 바르게 고쳐 써 보세요.

아이들이 그림을 그려서 교실 뒤에 부쳤다.

✽ 다음 낱말을 넣어 문장을 써 보세요.

붙였어요

시키다와 식히다

사다리를 타고 내려가 빈칸에 알맞은 낱말을 써 보세요.

시키다   **식히다**

이것 좀 전해 줄래?

(1) 뜨거운 물을 ☐☐☐ .   (2) 심부름을 ☐☐☐ .

사전에서 꼼꼼

뜨거운 물을 급하게 마시면 입천장을 델 수 있어요. 후후 불어서 물 온도를 낮춰야 하는데, 이럴 때는 '식히다'라고 표현해요. 그리고 누군가에게 무언가 하도록 할 때에는 '시키다'라고 표현하지요.

피자를 주문할 때도 '시키다'라고 해.

시키다: 어떤 일이나 행동을 하게 하다.	**식히다**: 더운 기운을 없애다.
예 · 심부름을 시키다. · 이 일을 시킨 사람이 누구니?	예 · 뜨거운 물을 식히다. · 음식이 뜨거우니 식혀서 먹자.

1 밑줄 친 낱말을 바르게 고쳐 쓴 것은 무엇인가요? (　　)

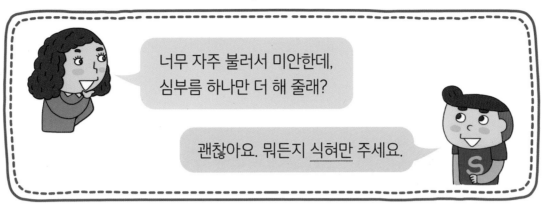

너무 자주 불러서 미안한데, 심부름 하나만 더 해 줄래?

괜찮아요. 뭐든지 <u>식혀만</u> 주세요.

① 식켜만　　　　② 시켜만　　　　③ 식여만

2 밑줄 친 낱말이 바르게 쓰인 것에는 ○표를, 잘못 쓰인 것에는 ✕표를 해 보세요.

(1) 어제 <u>식히신</u> 일은 다 끝냈습니다.　　[　　]

(2) 엄마, 오늘은 피자 좀 <u>시켜</u> 먹어요.　　[　　]

3 틀린 낱말에 ✕표를 한 다음 바르게 고쳐 써 보세요.

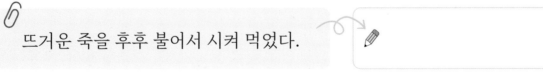

뜨거운 죽을 후후 불어서 시켜 먹었다.

❋ 다음 낱말을 넣어 문장을 써 보세요.

시켰다 _____

업다와 없다와 엎다

다트 판의 과일에 해당하는 글자를 빈칸에 써서 낱말을 완성해 보세요.

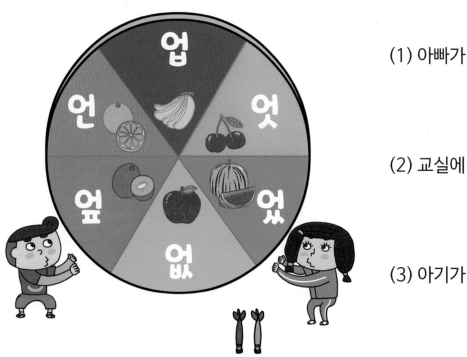

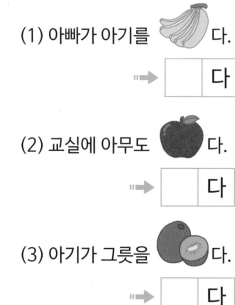

(1) 아빠가 아기를 🍌다.

➡ ☐ 다

(2) 교실에 아무도 🍎다.

➡ ☐ 다

(3) 아기가 그릇을 🥝다.

➡ ☐ 다

'아빠가 아기를 업다.', '교실에 아무도 없다.', '아기가 그릇을 엎다.'라고 말할 때 '업다[업따]', '없다[업ː따]', '엎다[업따]'는 소리가 비슷하지만 뜻은 각각 달라요. 뜻과 받침을 헷갈리지 말고 주의해서 써요.

업다: 사람이나 동물 등을 등에 대고 떨어지지 않도록 하다.	없다: 사람이나 사물 등이 실제로 존재하지 않다.	엎다: 윗면과 밑면이 거꾸로 되게 뒤집어 놓다.
예 •아빠가 아기를 업다. •동생이 고양이를 업고 있어요.	예 •교실에 아무도 없다. •문제가 없으니 걱정 마.	예 •아기가 그릇을 엎다. •물컵이 엎어져서 어쩌지?

1 밑줄 친 낱말을 바르게 고친 것끼리 묶은 것은 무엇인가요? (   )

> 엄마, 내 필통이 ㉠업어졌어요.
> 아까부터 보이지 않아요.

> 네 필통? 아까 방바닥에 ㉡없어져서
> 연필이 마구 흩어져 있던데!

① ┌㉠엎어졌어요   ② ┌㉠없어졌어요   ③ ┌㉠없어졌어요
  └㉡업어져서   └㉡엎어져서   └㉡업어져서

2 문장에 알맞은 낱말을 [   ]에서 골라 ○표를 해 보세요.

(1) 할머니께서 손자를   업고   없고   엎고   계세요.

(2) 지갑이   업어져서   없어져서   엎어져서   지금 찾고 있어.

3 틀린 낱말에 ✕표를 한 다음 바르게 고쳐 써 보세요.

> 민희가 실수로 물이 든 컵을 업었다.

❋ 다음 낱말을 넣어 문장을 써 보세요.

없어요

이따가와 있다가

😊 명령어대로 ♟를 옮겨서 낱말을 찾은 다음, 빈칸에 써서 문장을 완성해 보세요.

명령어

♟를 오른쪽으로 두 칸,
아래쪽으로 두 칸,
왼쪽으로 한 칸 이동시켜라.
답은?

(1) 밥은 [　][　][　] 먹을게요.

명령어

♟를 아래쪽으로 두 칸,
오른쪽으로 두 칸,
위쪽으로 두 칸 이동시켜라.
답은?

(2) 여기 잠깐 [　][　][　] 가자.

♟	입다가	있다가
읻다가	잇다가	읻따가
있따가	이따가	익다가

사전에서 꼼꼼

식사 시간이 되었는데 배가 안 고파서 나중에 먹고 싶을 때가 있지요? 그럴 때는 '이따 가' 먹겠다고 말해요. 그리고 '잠깐 있다가 가자.'처럼 어떤 곳에서 이동하지 않고 계속 머물러 있는 상태를 말할 때는 '있다가'를 사용해요.

이따가: 조금 지난 뒤에.
예 밥은 이따가 먹을게요.

있다가: 어느 곳에서 떠나거나 벗어나지 않고 머무르다가.
예 여기 잠깐 있다가 가자.

1 밑줄 친 낱말을 바르게 고쳐 쓴 것은 무엇인가요? (　　　)

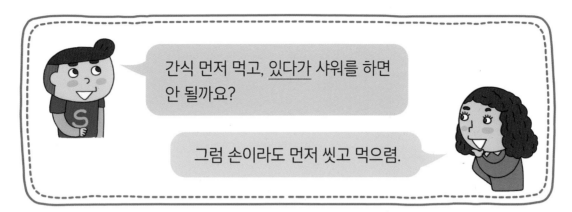

간식 먼저 먹고, <u>있다가</u> 샤워를 하면 안 될까요?

그럼 손이라도 먼저 씻고 먹으렴.

① 잇다가 　　　　　 ② 이따가 　　　　　 ③ 읻다가

2 문장에 알맞은 낱말을 [　　]에서 골라 ○표를 해 보세요.

(1) 밖은 추우니까 따뜻한 곳에 　[이따가 / 있다가]　 나가야지.

(2) 　[이따가 / 있다가]　 신호등이 초록불로 바뀌면 길을 건너자.

3 틀린 낱말에 ✕표를 한 다음 바르게 고쳐 써 보세요.

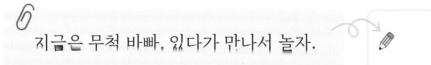

지금은 무척 바빠, 있다가 만나서 놀자.

❋ 다음 낱말을 넣어 문장을 써 보세요.

이따가

짓다와 짖다

같은 색 연잎을 건너면 나오는 낱말을 선으로 잇고 빈칸에 써 보세요.

 짓다

 짖다

(1) 거미가 집을 ☐☐.

(2) 개가 컹컹 ☐☐.

사전에서 꼼꼼

마당에 나가 보니 개가 크게 짖고 있어요. 지붕 아래에서는 거미가 집을 짓고 있지요. 개가 '짖다[짇따]'와 집을 '짓다[짇:따]'는 소리가 거의 같지만 뜻은 서로 달라요. 받침도 'ㅈ'과 'ㅅ'으로 다르니 잘 확인해서 틀리지 않게 써요.

짓다 : 재료를 가지고 밥, 옷, 집 등을 만들다.

예 · 거미가 집을 짓다.
· 까치가 감나무에 둥지를 지었어.

짖다 : 개가 크게 소리를 내다.

예 · 개가 컹컹 짖다.
· 강아지가 갑자기 짖어서 깜짝 놀랐어.

1 밑줄 친 낱말을 바르게 고쳐 쓴 것은 무엇인가요? (   )

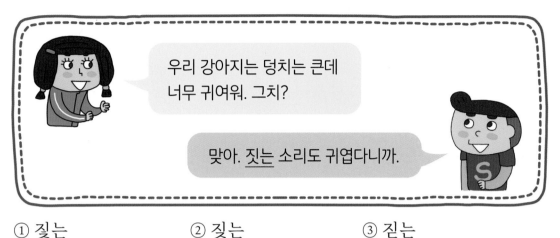

우리 강아지는 덩치는 큰데 너무 귀여워. 그치?

맞아. <u>짓는</u> 소리도 귀엽다니까.

① 짖는   ② 짚는   ③ 짇는

2 빈칸에 알맞은 낱말을 이어 보세요.

(1) 쌀을 씻어서 밥을 [   ].   •   • ① 짓다

(2) 지나가는 사람을 보고 개가 [   ].   •   • ② 짖다

3 틀린 낱말에 ✕표를 한 다음 바르게 고쳐 써 보세요.

목수가 멋진 집을 짖고 있다.    ✎ [   ]

❋ 다음 낱말을 넣어 문장을 써 보세요.

짖었어요 ✎ _____

1~4 다음 글을 읽고 물음에 답해 보세요.

📖 **고양이 목에 방울 달기**

"오늘도 고양이가 어린 쥐를 물어 갔습니다. 며칠째 매일 우리 쥐들이 고양이 밥이 되고 있어요. 이번에는 ㉠반듯이 우리를 지킬 방법을 찾아야 합니다! 혹시 좋은 의견이 없나요?"

대장 쥐가 말을 ㉡   , 젊은 쥐 하나가 앞으로 나섰어요.

"고양이 목에 방울을 달면 어떨까요? 고양이가 나타나면 방울 소리를 듣고 도망갈 수 있잖아요."

"그거 좋은 생각이군요. 그런데 누가 고양이 목에 방울을 달죠?"

대장 쥐의 물음에 쥐들은 모두 눈만 끔벅거렸어요.

1 매일 쥐들을 물어 가고 있는 동물은 무엇인가요? (   )

① 대장 쥐   ② 고양이   ③ 젊은 쥐

2 젊은 쥐는 고양이 목에 무엇을 달자고 했는지 빈칸에 써 보세요.

• 젊은 쥐는 고양이 목에 [✏️   ]을 달자고 했다.

3 ㉠'반듯이'를 쓰임에 맞게 고쳐 쓴 것은 무엇인가요? (   )

① 반드시   ② 반듯하게   ③ 반갑게

4 ㉡에 알맞은 낱말에 ○표를 해 보세요.

맞히자   마치자   맞추자

5~8 다음 글을 읽고 물음에 답해 보세요.

📖 **냄새 맡은 값**

"킁킁! 이야, 정말 맛있는 냄새구나!"

김 서방이 코를 벌름거리며 최 영감네 담장 너머에서 흘러나오는 고깃국 냄새를 ⓐ 있을 때였어요. 갑자기 최 영감이 나와서 호통을 쳤어요.

"아니, 귀한 고깃국 냄새를 공짜로 맡다니! 당장 냄새 맡은 값을 내게!"

어처구니없어하며 집에 돌아온 김 서방은 고민 끝에 좋은 생각을 떠올렸어요. 김 서방은 *엽전 두 개를 ⓑ 최 영감 집으로 ⓒ같어요. 그러고는 짤랑짤랑 엽전 소리를 최 영감에게 들려주었지요.

"자, 냄새 맡은 값을 들으십시오. 먹지도 않은 고깃국이니 값은 엽전 소리로 치르겠습니다."

* 엽전: 옛날에 사용하던 놋쇠로 만든 돈.

5 최 영감이 김 서방에게 내라고 한 것을 빈칸에 알맞게 써 보세요.

• 고깃국 ✏️ 　　　　　　 를 맡은 값

6 김 서방은 냄새 맡은 값을 무엇으로 치렀는지 알맞은 것에 ○표를 해 보세요.

엽전 두 개 　　　　　 엽전 소리

7 ⓐ과 ⓑ에 들어갈 낱말을 알맞게 이어 보세요.

(1) ⓐ •　　　　　　　　• ① 갖고

(2) ⓑ •　　　　　　　　• ② 맡고

8 ⓒ'같어요'를 쓰임에 맞게 고쳐 쓴 것은 무엇인가요? (　　　)

① 갖어요　　　　　② 갔어요　　　　　③ 갔어요

성과 이름, 직위를 나타내는 말
이름, 씨, 군, 선생님, 장군

원리로 콕콕 성과 이름은 붙여 쓰고 호칭이나 직업을 나타내는 말은 띄어 써요.

'한지선'이라는 이름을 쓸 때는 성인 '한'과 이름인 '지선'을 붙여 써요. 하지만 호칭을 나타내는 '씨, 양, 군', 그리고 직업·직급을 나타내는 '선생님, 장군, 과장, 박사, 작가' 등은 앞말과 띄어 쓰지요.

예
- 서희진
- 정명숙✔씨
- 김재윤✔군
- 김진희✔선생님
- 강건우✔장군
- 장수정✔박사

➕ **한글 맞춤법 제48항** 성과 이름, 성과 호 등은 붙여 쓰고, 이에 덧붙는 호칭어, 관직명 등은 띄어 쓴다.

1 띄어 써야 할 곳이 바르게 표시된 것은 무엇인가요? (   )

① 강✔서율✔선생님   ② 강서율✔선생님   ③ 강✔서율선생님

2 띄어쓰기가 바른 것은 무엇인가요? (   )

① | 이 | | 지 | 우 | | 과 | 장 |
|---|---|---|---|---|---|---|

② | 정 | 인 | 성 | 씨 | 와 | | 김 | 현 | 정 | 씨 |
|---|---|---|---|---|---|---|---|---|---|

③ | 김 | 시 | 윤 | | 양 | 과 | | 김 | 재 | 윤 | | 군 |
|---|---|---|---|---|---|---|---|---|---|---|---|

3 보기 와 같이 띄어 써야 할 곳에 모두 ✔표를 해 보세요.

보기   김구✔선생과✔윤봉길✔열사

(1)   장재경장군   (2)   이은진사장과김양희부장

4 보기 와 같이 띄어 써야 할 곳에 모두 ✔표를 하고 바르게 띄어 써 보세요.

보기

장수임✔박사 → | 장 | 수 | 임 | | 박 | 사 |
|---|---|---|---|---|---|

정명화작가 → | | | | | | |
|---|---|---|---|---|---|

다른 말에 기대어 쓰이는 말
것, 수, 뿐, 때문, 대로, 만큼

원리로 콕콕

다른 말에 기대어 쓰이는 의존 명사는 앞말과 띄어 써요.

'것, 수, 뿐, 때문, 대로, 만큼'과 같은 말들은 모두 문장에서 혼자 쓰이지 못해요. 이처럼 앞말에 기대어 쓰이는 말들을 의존 명사라고 하지요. 의존 명사는 항상 앞말과 띄어 써야 해요.

예
- 탈✔것이다.
- 먹을✔수 있다.
- 그냥 왔을✔뿐이다.

- 바람✔때문에 문이 닫혔다.
- 숙제를 끝내는✔대로 놀자.
- 밥을 먹을✔만큼 담으세요.

➕ **한글 맞춤법 제42항** 의존 명사는 띄어 쓴다.

1 띄어 써야 할 곳이 바르게 표시된 것은 무엇인가요? (　　　)

① 내가✔생각한대로✔말할게.

② 내✔가✔생각한대로✔말할게.

③ 내가✔생각한✔대로✔말할게.

2 띄어쓰기가 바른 것은 무엇인가요? (　　　)

① | 집 | 에 | | 갈 | 수 | | 있 | 다 | . |

② | 너 | 때 | 문 | 이 | | 아 | 니 | 야 | . |

③ | 운 | 동 | 한 | | 만 | 큼 | | 건 | 강 | 해 | 져 | . |

3 보기 와 같이 띄어 써야 할 곳에 모두 ✔표를 해 보세요.

보기　　　노래를부를✔수✔있어요.

(1) 오늘은일찍잘것입니다.

(2) 저는여기에있었을뿐입니다.

4 보기 와 같이 띄어 써야 할 곳에 모두 ✔표를 하고 바르게 띄어 써 보세요.

보기

우리가✔하는✔대로 → | 우 | 리 | 가 | | 하 | 는 | | 대 | 로 |

내가들은대로 → | | | | | | | | |

4

구분하기 어려운 낱말

든지와 던지

😊 큐브의 색깔에 해당하는 글자를 모아 낱말을 완성해 보세요.

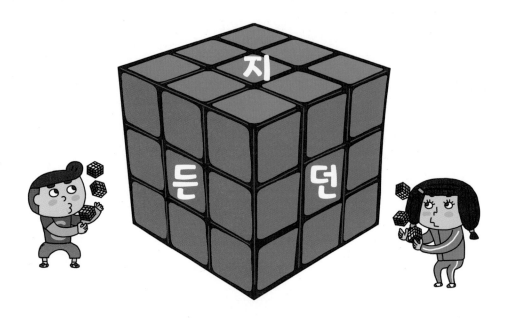

(1) 어찌나 비가 많이 왔  다리가 물에 잠겼다.

➡ | 왔 | | |

(2) 노래를 부르  춤을 추 네가 선택해.

➡ | 부 | 르 | | ➡ | 추 | | |

사전에서 꼼꼼

노래를 부르는 게 좋을까요, 춤을 추는 게 좋을까요? 뭐든 자신 있는 것을 선택하는 게 좋겠지요. 이처럼 둘 중 하나를 선택해야 할 때는 '든지'를 사용해요. 그리고 '던지'는 뒤에 오는 내용에 대한 이유 등을 나타낼 때 사용하지요.

든지: 둘 이상의 것 중 어느 하나를 선택함을 나타냄.
예 노래를 부르든지 춤을 추든지 네가 선택해.

던지: 뒤에 오는 내용에 대해 막연한 이유를 나타냄.
예 어찌나 비가 많이 왔던지 다리가 물에 잠 겼다.

1 밑줄 친 낱말을 바르게 고쳐 쓴 것은 무엇인가요? (   )

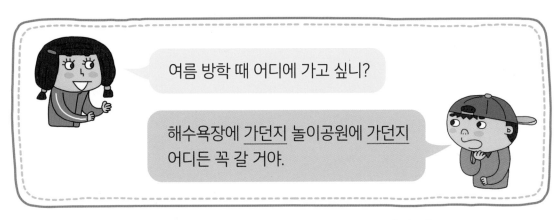

여름 방학 때 어디에 가고 싶니?

해수욕장에 <u>가던지</u> 놀이공원에 <u>가던지</u> 어디든 꼭 갈 거야.

① 가든지   ② 갔던지   ③ 갔든지

2 밑줄 친 낱말이 바르게 쓰인 것에는 ○표를, 잘못 쓰인 것에는 ✕표를 해 보세요.

(1) 마당에 나무든지 <u>꽃이던지</u> 정해서 심기로 했다.   [   ]

(2) 사람들이 얼마나 많이 <u>모였던지</u> 끝이 보이지 않았어.   [   ]

3 틀린 낱말에 ✕표를 한 다음 바르게 고쳐 써 보세요.

어찌나 크게 놀랐든지 지금도 가슴이 뛰어요.

✿ 다음 낱말을 넣어 문장을 써 보세요.

먹었던지 _____

웃과 윗과 위

😊 모니터의 그림 기호가 나타내는 글자를 빈칸에 써서 문장을 완성해 보세요.

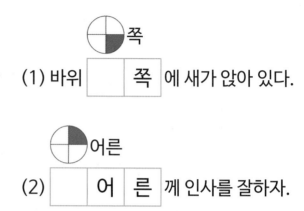

◔ 쪽

(1) 바위 | | 쪽 | 에 새가 앉아 있다.

◔ 어른

(2) | | 어 | 른 | 께 인사를 잘하자.

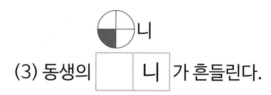

◔ 니

(3) 동생의 | | 니 | 가 흔들린다.

사전에서 꼼꼼

'웃'과 '윗', '위'는 모두 기준보다 더 높은 것을 나타낼 때 쓰는 말인데, 쓰임이 조금 달라요. 어떻게 구분해서 써야 할까요? 다음을 보면서 알아봐요.

웃	윗	위
위와 반대되는 아래의 뜻이 없을 때 써요.	'위'에 'ㅅ'이 붙은 말로, 위와 반대되는 아래의 뜻이 있을 때 써요.	위와 반대되는 아래의 뜻이 있고, 뒤에 'ㅊ, ㅉ' 등이 올 때 써요.
• 웃어른(O) • 아래어른(X)	• 윗니(↔ 아랫니) • 윗마을(↔ 아랫마을)	• 위쪽(↔ 아래쪽) • 위층(↔ 아래층)

웃어른: 나이나 지위, 신분 등이 자기보다 높아서 모셔야 하는 윗사람.
예 웃어른께 인사를 잘하자.

윗니: 윗잇몸에 난 이. (반대말) 아랫니.
예 동생의 윗니가 흔들린다.

위쪽: 위가 되는 자리나 방향. (반대말) 아래쪽.
예 바위 위쪽에 새가 앉아 있다.

1 밑줄 친 낱말을 바르게 고친 것끼리 묶은 것은 무엇인가요? (   )

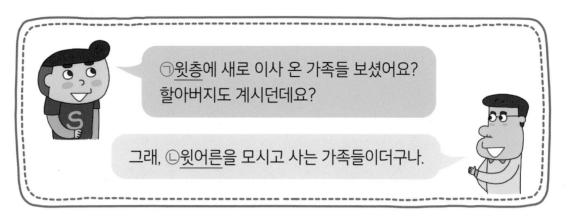

> ㉠윗층에 새로 이사 온 가족들 보셨어요?
> 할아버지도 계시던데요?
>
> 그래, ㉡윗어른을 모시고 사는 가족들이더구나.

① ㉠위층
   ㉡웃어른

② ㉠웃층
   ㉡위더른

③ ㉠웃층
   ㉡웃어른

2 빈칸에 알맞은 낱말을 에서 골라 ○표를 해 보세요.

동생이 손으로 [   ]을 가리켰다.

위쪽   윗쪽

3 틀린 낱말에 ×표를 한 다음 바르게 고쳐 써 보세요.

나는 웃니보다 아랫니가 더 가지런해.

✎

❋ 다음 낱말을 넣어 문장을 써 보세요.

웃어른 _____

이와 히

모양과 색깔에 맞게 퍼즐 조각을 맞추어 낱말을 완성해 보세요.

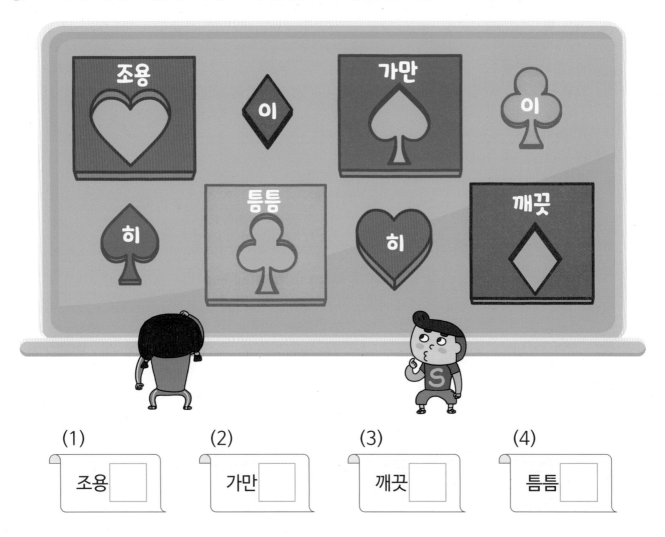

(1) 조용 ☐

(2) 가만 ☐

(3) 깨끗 ☐

(4) 틈틈 ☐

'이'와 '히'는 '틈틈이'나 '조용히'에 쓰인 것처럼 다른 낱말 뒤에 붙어 쓰이는 말이에요. 그런데 이 낱말들의 소리를 들어 보면 마지막 글자 '이'나 '히'를 구분하기가 어려워서 헷갈리기 쉬워요. 그러니까 문장으로 읽거나 쓸 때 틈틈이 잘 익혀 두어요.

이 로 끝나는 말	**히** 로 끝나는 말
• **깨끗이**: 더럽지 않게. • **틈틈이**: 틈이 난 곳마다. 여유 있을 때마다.	• **가만히**: 움직이지 않거나 아무 말 없이. • **조용히**: 아무 소리도 들리지 않게.

'깊숙이'일까, '깊숙히'일까? 맞아. '깊숙이'야. 발음이 비슷하니까 주의해서 쓰자!

1 밑줄 친 낱말을 바르게 고친 것끼리 묶은 것은 무엇인가요? (   )

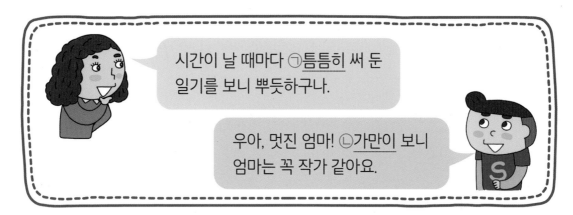

시간이 날 때마다 ㉠틈틈히 써 둔 일기를 보니 뿌듯하구나.

우아, 멋진 엄마! ㉡가만이 보니 엄마는 꼭 작가 같아요.

① ┌ ㉠틈틈희
　┕ ㉡가만히

② ┌ ㉠틈틈이
　┕ ㉡가만의

③ ┌ ㉠틈틈이
　┕ ㉡가만히

2 문장에 알맞은 낱말을 ☐에서 골라 ◯표를 해 보세요.

(1) 필통을 ┃ 깨끗이 ┃　┃ 깨끗히 ┃ 썼구나.

(2) 쉿! 다 같이 ┃ 조용이 ┃　┃ 조용히 ┃ 합시다.

3 틀린 낱말에 ✕표를 한 다음 바르게 고쳐 써 보세요.

시간 날 때마다 틈틈히 그림을 그렸어.

✽ 다음 낱말을 넣어 문장을 써 보세요.

조용히

이에요와 예요

😊 피아노 건반을 누르면 어떤 글자가 될까요? 빈칸에 알맞은 낱말을 건반에서 찾아 써 보세요.

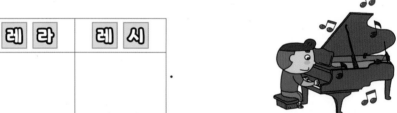

(1) 찬호는 제 친구 [레 라] [레 시] .

(2) 찬호는 아홉 살 [레 파] [레 솔] [레 시] .

> 앞 글자가 받침이 있는 글자인지 받침이 없는 글자인지 살펴봐.

친구인 찬호에 대해 얘기하는데 말끝이 '이에요'와 '예요'로 조금 다르네요. 둘 다 어떤 사실을 설명하거나 물을 때 쓰는 말이에요. 다만 '이에요'는 받침 있는 글자 뒤에 붙고, '예요'는 받침 없는 글자 뒤에 붙어요.

이에요	예요
이에요: 어떤 사실을 설명하거나 묻는 뜻을 나타냄. 받침 있는 글자 뒤에 붙음. 예 찬호는 아홉 살이에요.	**예요**: '이에요'가 줄어서 된 말. 받침 없는 글자 뒤에 붙음. 예 찬호는 제 친구예요.

1 밑줄 친 낱말을 바르게 고쳐 쓴 것은 무엇인가요? (   )

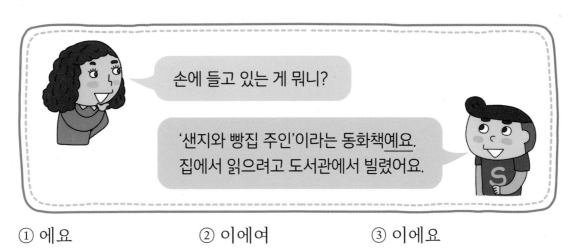

손에 들고 있는 게 뭐니?

'샌지와 빵집 주인'이라는 동화책<u>예요.</u>
집에서 읽으려고 도서관에서 빌렸어요.

① 에요   ② 이에여   ③ 이에요

2 빈칸에 알맞은 낱말을 이어 보세요.

(1) 우리나라 꽃은 무궁화 [   ] .   •   • ①   이에요

(2) 나팔꽃은 나팔처럼 생긴 꽃 [   ] .   •   • ②   예요

3 틀린 낱말에 ✕표를 한 다음 바르게 고쳐 써 보세요.

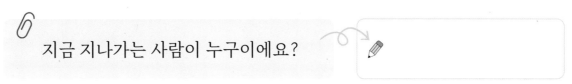

지금 지나가는 사람이 누구이에요?

❋ 다음 낱말을 넣어 문장을 써 보세요.

이에요 _____

장이와 쟁이

😊 퍼즐 조각을 맞추어 낱말을 완성해 보세요.

(1)

석수		

(2)

대장		

(3)

말썽		

(4)

방귀		

* 석수장이: 돌로 물건을 만드는 일을 하는 사람.
* 대장장이: 쇠를 뜨겁게 하여 일에 필요한 도구를 만드는 일을 하는 사람.

사전에서 꼼꼼

'방귀쟁이 며느리' 이야기에서 며느리는 방귀를 아주 세게 뀌어요. 이처럼 남과 다른 특별한 성질을 가진 사람을 별명처럼 부를 때 '쟁이'라는 말을 붙여요. 방귀쟁이, 수다쟁이, 개구쟁이처럼요. 이와 다르게 '장이'는 특별한 기술이나 직업에 붙이는 말이에요.

장이: 앞에 오는 말과 관련된 기술을 가진 사람.
예 벽에 시멘트 바르는 일을 하는 사람을 미장이라고 합니다.

쟁이: 앞에 오는 말과 관련된 특징이 있는 사람.
예 내 동생은 욕심쟁이야.

1 밑줄 친 낱말을 바르게 고쳐 쓴 것은 무엇인가요? (　　　)

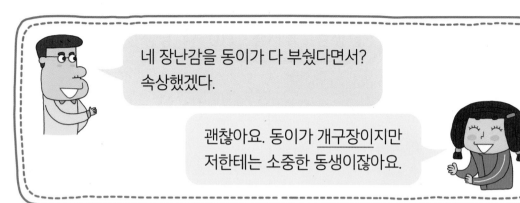

네 장난감을 동이가 다 부쉈다면서?
속상했겠다.

괜찮아요. 동이가 <u>개구장이</u>지만
저한테는 소중한 동생이잖아요.

① 개구쟁이　　　　② 개구젱이　　　　③ 개구잡이

2 문장에 알맞은 낱말을 　　　에서 골라 ○표를 해 보세요.

(1) 조금도 무섭지 않아. 나는 　겁장이　　겁쟁이　 가 아니거든.

(2) 벽이나 천장에 종이 바르는 일을 하는 사람을

　도배쟁이　　도배장이　 라고 해.

3 밑줄 친 낱말을 바르게 고쳐 써 보세요.

놀부는 동생 흥부와 달리 ㉠<u>심술장이</u>인
데다가 ㉡<u>욕심장이</u>였이요.

 ㉠
✎ ㉡

✱ 다음 낱말을 넣어 문장을 써 보세요.

쟁이

둘 다 맞는 말

😊 틀에 맞는 퍼즐 조각 두 개를 고르고, 조각에 쓰인 낱말을 넣어 문장을 완성해 보세요.

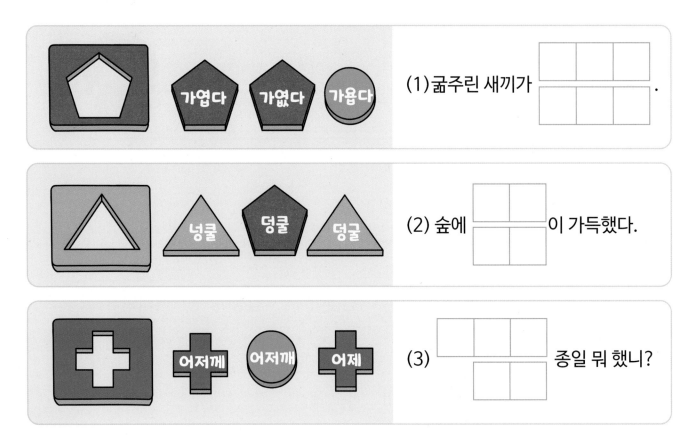

(1) 굶주린 새끼가 ☐☐☐☐ .

(2) 숲에 ☐☐ 이 가득했다.

(3) ☐☐ 종일 뭐 했니?

사전에서 꼼꼼

굶주린 새끼가 '가엾다'라고 해야 할까요, '가엽다'라고 해야 할까요? 네, 둘 다 맞는 말이에요. '넝쿨'과 '덩굴', '어제'와 '어저께'도 모두 맞춤법에 둘 다 맞는 말들이에요. 이처럼 맞춤법에 맞는 말이 딱 하나만 있는 것은 아니에요. 이런 말들을 많이 알아 두면 좀 더 다양하게 표현할 수 있어요.

'가엾다'는 '가엾어'로 쓰이고, '가엽다'는 '가여워'로 쓰여.

가엽다=가엾다: 마음이 아플 정도로 불쌍하고 딱하다.
예 • 어미 개와 헤어진 강아지가 가엽다.
• 굶주린 새끼가 가엾다.

넝쿨=덩굴: 뻗어 나가 다른 물건을 감기도 하고 땅바닥에 퍼지기도 하는 식물의 줄기.
예 • 숲에 넝쿨이 가득했다.
• 덩굴을 뻗다.

어제=어저께: 오늘의 하루 전날.
예 • 어제 종일 뭐 했니?
• 어저께가 누나 생일이었어.

1 밑줄 친 낱말을 바르게 고쳐 쓴 것은 무엇인가요? (   )

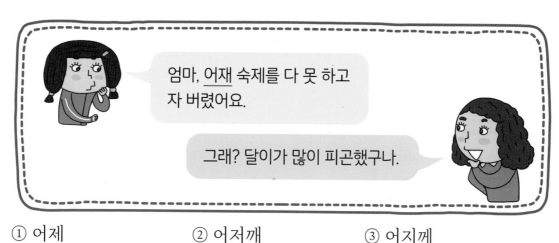

엄마, 어재 숙제를 다 못 하고 자 버렸어요.

그래? 달이가 많이 피곤했구나.

① 어제   ② 어저깨   ③ 어지께

2 밑줄 친 낱말이 바르게 쓰인 것에는 ○표를, 잘못 쓰인 것에는 ✕표를 해 보세요.

(1) 공원에서 가옆은 아기 고양이를 보았어. ☐

(2) 담쟁이덩쿨이 벽을 타고 올라가 지붕까지 닿았어. ☐

3 틀린 낱말에 ✕표를 한 다음 바르게 고쳐 써 보세요.

어저깨부터 계속 비가 내리고 있어.

✽ 다음 낱말을 넣어 문장을 써 보세요.

가엾게

본말과 준말

😊 사다리를 타고 내려가 만나는 낱말을 빈칸에 알맞게 써 보세요.

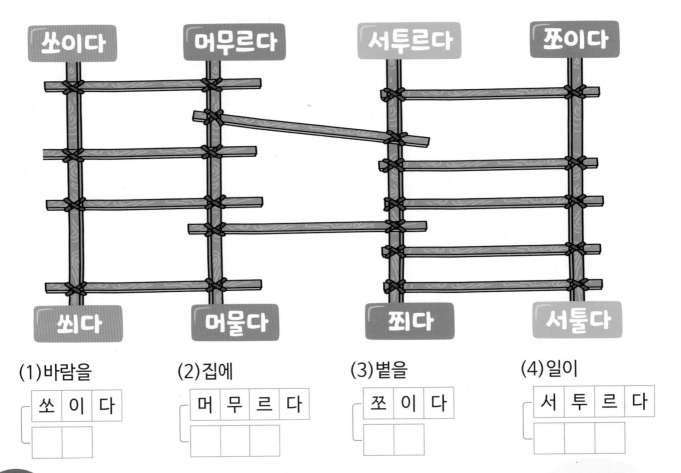

쏘이다	머무르다	서투르다	쪼이다
쐬다	머물다	쬐다	서툴다

(1) 바람을

쏘	이	다

(2) 집에

머	무	르	다

(3) 볕을

쪼	이	다

(4) 일이

서	투	르	다

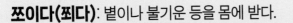

사전에서 꼼꼼

> 준말과 본말은 모두 맞는 말이야.

뜻은 같지만 글자 수가 다른 말들이 있어요. '쏘이다 / 쐬다', '쪼이다 / 쬐다', '머무르다 / 머물다', '서투르다 / 서툴다' 등이에요. 이 낱말들의 앞엣것은 본래의 말인 '본말'이고, 뒤엣것은 본말을 줄여 쓴 '준말'이에요.

쪼이다(쬐다): 볕이나 불기운 등을 몸에 받다.

예 · 볕을 **쪼이다**.
· 햇볕을 **쬐니** 기분이 좋아.

머무르다(머물다): 도중에 멈추거나 일시적으로 어떤 곳에 묵다.

예 · 집에 **머무르다**.
· 며칠 이곳에 **머물** 거야.

서투르다(서툴다): 어떤 것에 미숙하거나 잘하지 못하다.

예 · 일이 **서투르다**.
· 처음 시작할 때는 누구나 **서툴러**.

쏘이다(쐬다): 얼굴이나 몸에 바람이나 연기, 햇빛 등을 직접 받다.

예 · 바람을 **쏘이다**.
· 연기를 **쐬니** 눈이 맵다.

1 밑줄 친 낱말을 바르게 고쳐 쓴 것은 무엇인가요? (   )

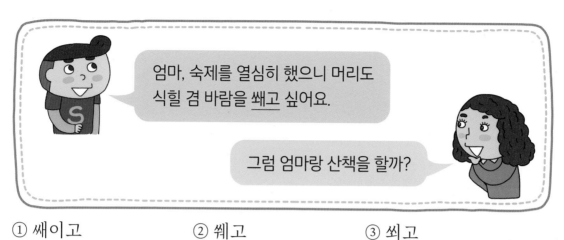

엄마, 숙제를 열심히 했으니 머리도 식힐 겸 바람을 <u>쌔고</u> 싶어요.

그럼 엄마랑 산책을 할까?

① 쌔이고   ② 쒜고   ③ 쐬고

2 본말과 준말이 바르게 묶인 것에는 ○표를, 틀리게 묶인 것에는 ✕표를 해 보세요.

(1) 머무르다 / 머물르다

(2) 서투르다 / 서툴다

(3) 쪼이다 / 쬐다

3 틀린 낱말에 ✕표를 한 다음 바르게 고쳐 써 보세요.

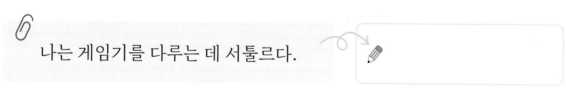

나는 게임기를 다루는 데 서툴르다.

실력이 쑥쑥

❋ 다음 낱말을 넣어 문장을 써 보세요.

쪼이면

1~4 다음 글을 읽고 물음에 답해 보세요.

📚 양치기 소년

양치기 소년은 여러 번 거짓말을 했어요. 그때마다 마을 사람들은 소년에게 속아서 달려오곤 했지요.

그러던 어느 날, 정말로 늑대가 나타났어요. 늑대를 본 소년이 깜짝 놀라서 소리쳤어요.

"늑대가 나타났어요! 늑대가 ⓐ가여운 양을 물어 가요!"

들에서 일하던 마을 사람들은 소년의 다급한 외침을 들었어요. 그러나 아무도 달려오지 않았어요. 대신 이렇게 말했지요.

"저런! 우리 마을 ⓑ 가 또 심심한가 보네."

"하하! 그러게요. 이번에도 속을 줄 알고?"

1 양치기 소년이 잘하는 것은 무엇인가요? (　　)

① 청소하기　　　　② 거짓말하기　　　　③ 화내기

2 마을 사람들이 소년에게 달려가지 <u>않은</u> 이유는 무엇인가요? (　　)

① 하던 일을 먼저 끝내려고
② 늑대가 금방 도망칠 거라고 생각해서
③ 소년이 또 거짓말을 한다고 생각해서

3 ⓐ'가여운'과 바꾸어 쓸 수 있는 낱말은 무엇인가요? (　　)

① 가벼운　　　　② 가없은　　　　③ 가엾은

4 ⓑ 에 알맞은 다음 뜻의 낱말을 써 보세요.

거짓말을 잘하는 사람

5~8 다음 글을 읽고 물음에 답해 보세요.

■■ 황새와 조개 이야기

바닷물이 빠진 갯벌에 조개가 모습을 드러냈어요.

"어, 날씨가 좋구나! 햇볕이나 좀 ㉠쬐다가 들어가야지."

조개는 입을 짝 벌리고 누웠어요. 그때 날아가던 황새가 조개를 보았어요.

'와, 맛있겠다! ㉡어저께부터 굶었는데 잘됐네.'

황새는 ㉢ 날아와서 조개의 살을 냉큼 물었어요. 깜짝 놀란 조개는 입을 꽉 다물었지요. 둘은 서로를 물고 물린 채로 몸부림을 쳤어요.

그러고는 서로 먼저 놓으라면서 하루 종일 버티고 있었어요. 지나가던 어부가 둘을 한꺼번에 잡아갈 때까지도요.

5 동물들이 한 일에 맞게 이어 보세요.

(1) ● ● ① 조개의 살을 물었어요.

(2) ● ● ② 입을 벌린 채 햇볕을 쬐었어요.

6 ㉠'쬐다가'와 바꾸어 쓸 수 있는 낱말은 무엇인가요? (   )

① 쪼다가   ② 쫴다가   ③ 쪼이다가

7 ㉡'어저께'와 같은 뜻으로 쓰이는 낱말을 보기 에서 골라 써 보세요.

보기   그저께   어제   엊그제

8 ㉢에 알맞은 낱말에 ○표를 해 보세요.

조용이   조용히

두 말을 이어 주거나 열거하는 말

대, 또는, 겸, 및, 내지, 등

두 말을 이어 주거나 열거하는 말은 띄어 써요.

'대, 또는, 겸, 및, 내지'와 같은 말들은 문장에서 두 말을 이어 줄 때 쓰여요. 이러한 말들은 앞뒤의 낱말과 띄어 쓰도록 해요. 그리고 '등'은 여러 가지 예나 사실을 죽 늘어놓을 때에 쓰이는 말로, 앞말과 띄어 쓰도록 해요.

예
- 청군✓대✓백군
- 아침✓겸✓점심
- 열✓내지✓스물

- 수박✓또는✓참외
- 노래✓및✓춤
- 서울, 부산, 광주✓등

⊕ **한글 맞춤법 제45항** 두 말을 이어 주거나 열거할 적에 쓰이는 말들은 띄어 쓴다.

1 띄어 써야 할 곳이 바르게 표시된 것은 무엇인가요? (　　)

① 피자또는✔치킨을✔먹자.

② 피자✔또는✔치킨을✔먹자.

③ 피자✔또는✔치킨✔을✔먹자.

2 띄어쓰기가 바른 것은 무엇인가요? (　　)

① | 오 | 이 | , | | 당 | 근 | 등 | 의 | | 채 | 소 |

② | 회 | 장 | | 및 | | 부 | 회 | 장 | | 선 | 거 |

③ | 일 | 곱 | 내 | 지 | | 여 | 덟 | | 개 | 의 | | 오 | 이 |

3 보기 와 같이 띄어 써야 할 곳에 모두 ✔표를 해 보세요.

> 보기　　아이스크림✔또는✔팥빙수를✔먹자.

(1) 사과와귤등의과일

(2) 하유림은가수겸배우이다.

4 보기 와 같이 띄어 써야 할 곳에 모두 ✔표를 하고 바르게 띄어 써 보세요.

보기

한국✔대✔일본의✔경기 → | 한 | 국 | | 대 | | 일 | 본 | 의 | | 경 | 기 |

칠대삼의점수 → | | | | | | | | | | |

앞말의 뜻을 도와주는 말

있다, 싶다, 보다, 버리다, 주다, 않다

본용언의 뜻을 보충해 주는 보조 용언은 본용언과 띄어 써요.

'온다, 간다'와 같이 문장에서 풀이말 역할을 하는 말을 용언이라고 해요. 용언 중에서 '(오고) 있다, (가고) 싶다'와 같이 본용언 뒤에서 그 뜻을 보충해 주는 용언을 보조 용언이라고 하는데, 보조 용언은 앞에 오는 본용언과 띄어 쓰는 것이 원칙이에요.

'잃어버리다'처럼 본용언과 붙여 쓰는 말도 많아. 사전을 찾아보면 알 수 있어.

예
- 친구가 오고✔있다.
- 책을 읽어✔보다.
- 소방관이 구해✔주다.
- 집에 가고✔싶다.
- 고양이가 숨어✔버리다.
- 밥을 먹지✔않다.

➕ **한글 맞춤법 제47항** 보조 용언은 띄어 씀을 원칙으로 하되, 경우에 따라 붙여 씀도 허용한다.

1 띄어 써야 할 곳이 바르게 표시된 것은 무엇인가요? (   )

① 강아지가✔자고있어요.

② 강아지가✔자고✔있어요.

③ 강아지✔가✔자고✔있어요.

2 띄어쓰기가 바른 것은 무엇인가요? (   )

① | 할 | 머 | 니 | , | | 보 | 고 | 싶 | 어 | 요 | . |

② | 책 | 을 | | 읽 | 어 | | 주 | 겠 | 니 | ? |

③ | 친 | 구 | 가 | | 집 | 에 | | 가 | 버 | 렸 | 다 | . |

3 보기 와 같이 띄어 써야 할 곳에 모두 ✔표를 해 보세요.

> 보기   오늘은✔학교에✔가지✔않아요.

(1) 맛있는간식을만들어보자.

(2) 동생과놀이터에가고있어요.

4 보기 와 같이 띄어 써야 할 곳에 모두 ✔표를 하고 바르게 띄어 써 보세요.

> 보기
>
> 내가✔✔쳐버렸어. → | 내 | 가 | | 쳐 | | 버 | 렸 | 어 | . |

해가숨어버렸다. → | | | | | | | | | | . |

① 헷갈려서 잘 틀리는 낱말

10쪽

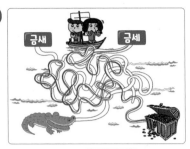

맞는 낱말은 금세 예요.

11쪽

1 ③   2 금세   3 금새 ∽ 금세

실력이 쑥쑥 예 여행을 갔던 친구가 금세 돌아왔어요.

12쪽

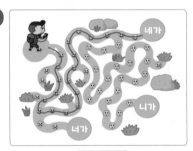

맞는 말은 네가 예요.

13쪽

1 ②   2 (1) ✕ (2) ◯   3 너가 ∽ 네가

실력이 쑥쑥 예 네가 사탕을 더 많이 먹었어.

14쪽

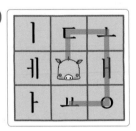

맞는 낱말은 돼요 예요.

15쪽

1 ③   2 돼요 , 돼요   3 되요 ∽ 돼요

실력이 쑥쑥 예 간식은 조금만 먹어도 돼요.

16쪽

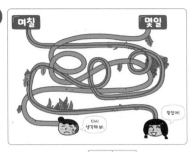

맞는 낱말은 며칠 이에요.

17쪽

1 ②   2 며칠   3 몇일 ∽ 며칠

실력이 쑥쑥 예 감기가 나으려면 며칠 동안 잘 쉬어야 해.

18쪽 나의 바 람 은 놀이공원에 가는 거야.

19쪽

1 ①   2 바람   3 바램 ∽ 바람

실력이 쑥쑥 예 할머니의 바람은 우리들이 건강하게 자라는 것이래요.

20쪽 맞는 낱말은 사 귀 다 예요.

21쪽

1 ③   2 사귈수록   3 사겨려면 ∽ 사귀려면

실력이 쑥쑥 예 나는 지금까지 많은 친구들을 사귀었어.

22쪽

맞는 낱말은 쑥 스 럽 다 예요.

23쪽

1 ③   2 (1) ◯ (2) ✕

3 쑥쓰러워요 ∽ 쑥스러워요

실력이 쑥쑥 예 수지는 쑥스러운 표정으로 인사를 했어요.

24쪽

😊 맞는 낱말은 역 할 이에요.

25쪽

1 ① 2 (1) ○ (2) ✕ 3 역할 ～ 역할

실력이 쑥쑥 예 엄마는 회사와 집에서 많은 역할을 하고 계신다.

26쪽 ➡ 오늘 아침에 오 랜 만 에 비가 왔어요.

27쪽

1 ② 2 (1) ✕ (2) ○ 3 오랫만 ～ 오랜만

실력이 쑥쑥 예 개학을 해서 오랜만에 학교에 갔어요.

28쪽

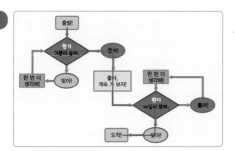

29쪽

1 ② 2 (1) 왠지 (2) 왠지 3 웬지 ～ 왠지

실력이 쑥쑥 예 현정이를 보면 왠지 기분이 좋아져.

30쪽

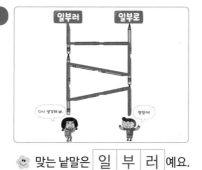

😊 맞는 낱말은 일 부 러 예요.

31쪽

1 ① 2 일부러 3 일부로 ～ 일부러

실력이 쑥쑥 예 너 많이 먹으라고 내가 일부러 피자를 안 먹었어.

32쪽

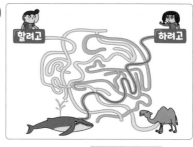

😊 맞는 낱말은 하 려 고 예요.

33쪽

1 ③ 2 자려고 3 할려고 ～ 하려고

실력이 쑥쑥 예 내일부터 운동을 하려고 오늘은 일찍 잤다.

34쪽

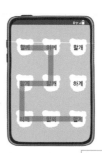

😊 맞는 낱말은 할 게 예요.

35쪽

1 ③ 2 할 거야 3 할께 ～ 할게

실력이 쑥쑥 예 내 일은 내가 알아서 할게.

문해력이 쑥쑥

36쪽

1 ③ 2 왠지 3 ③ 4 쑥스러워하며

37쪽

5 ② 6 ① 7 ②

39쪽 🔖 띄어쓰기 1

1 ③ 2 ③

3 (1) 찰칵✓사진✓찍기

(2) 바람✓솔솔✓부는✓언덕

4 즐거운음악시간 →

즐 거 운   음 악   시 간

41쪽 띄어쓰기 2

1 ②　**2** ③

3 (1) 동생과 ✓ 함께 ✓ 피자를 ✓ 먹었다.

(2) 내일부터 ✓ 태권도를 ✓ 배우러 ✓ 가요.

4 집으로함께가자. →

집	으	로		함	께		가	자	.

2 소리와 쓰임이 다른 낱말

44쪽

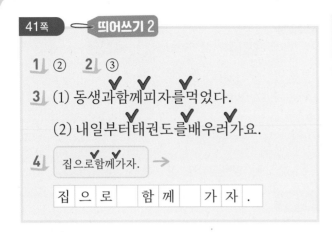

45쪽

1 ①　**2** 가리키셨어　**3** 가리켜 ⌢ 가르쳐

실력이 쑥쑥 **예** 마법사가 지팡이로 바위를 가리키면서 말했어요.

46쪽 😊 맞는 낱말은 껍데기 예요.

47쪽

1 ①　**2** 껍데기 , 껍데기　**3** 껍데기 ⌢ 껍질

실력이 쑥쑥 **예** 바나나 껍질을 밟으면 미끄러우니 조심해.

48쪽

(1) 어미 소가 송아지를 낳 다 .

(2) 손에 생긴 상처가 낫 다 .

49쪽

1 ①　**2** (1) ② (2) ①　**3** 나으셨대 ⌢ 낳으셨대

실력이 쑥쑥 **예** 우리 개가 강아지를 낳으면 너에게 한 마리를 줄게.

50쪽

(1) 참외와 수박은 모양이 다 르 다 .

(2) 맞춤법이 틀 리 다 .

51쪽

1 ③　**2** (1) ② (2) ①　**3** 틀려 ⌢ 달라

실력이 쑥쑥 **예** 수학 문제를 많이 틀렸어요.

52쪽

(1) 소원이 이루어지기를 바 라 다 .

(2) 청바지의 색이 바 래 다 .

53쪽

1 ①　**2** (1) ② (2) ①　**3** 바랐데 ⌢ 바랬네

실력이 쑥쑥 **예** 아이스크림이 녹지 않기를 바랐는데 다 녹아 버렸네.

54쪽

(1) 의자에 나란히 앉 다 .

(2) 날씨가 춥지 않 다 .

55쪽

1 ③　**2** (1) ② (2) ①　**3** 안아요 ⌢ 않아요

실력이 쑥쑥 **예** 온 가족이 소파에 앉아서 텔레비전을 봤어요.

56쪽 🙂 맞는 낱말은 | 잃 | 어 | 버 | 리 | 다 | 예요.

57쪽

1 ② 2 (잊어버리지)

3 잃어버렸어 ～ 잊어버렸어

실력이 쑥쑥 예 신나게 달리다가 신발 한 짝을 잃어버렸다.

58쪽

(1) 내 사탕의 크기가 더 | 작 | 다 |.

(2) 내 사탕의 양이 더 | 적 | 다 |.

59쪽

1 ② 2 (적어요) 3 작어요 ～ 작아요

실력이 쑥쑥 예 재윤이는 시윤이보다 적게 먹는다.

60쪽

(1) 달은 지구의 | 주 | 위 |를 돌고 있다.

(2) 눈길이 미끄러우니 | 주 | 의 |하세요.

61쪽

1 ③ 2 (주의) 3 주의 ～ 주위

실력이 쑥쑥 예 페인트가 옷에 묻지 않도록 주의하세요.

62쪽

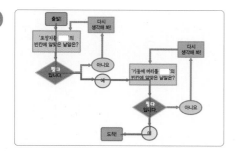

63쪽

1 ② 2 (1) ② (2) ① 3 찢었다 ～ 찧었다

실력이 쑥쑥 예 이것은 색종이를 찢어서 붙인 작품입니다.

문해력이 쑥쑥

64쪽

1 ③ 2 ① 3 ① 4 (가리키며)

65쪽

5 밀 6 (1) ① (2) ③ (3) ② 7 (앉았어요)

8 ③

67쪽 띄어쓰기 3

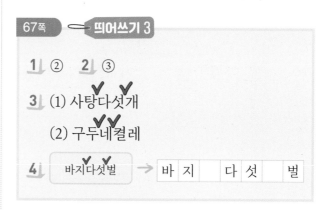

1 ② 2 ③

3 (1) 사탕∨다섯∨개

(2) 구두∨네∨켤레

4 바지∨다섯벌 → | 바 | 지 | | 다 | 섯 | | 벌 |

69쪽 띄어쓰기 4

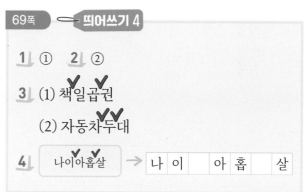

1 ① 2 ②

3 (1) 책∨일곱∨권

(2) 자동차∨두∨대

4 나이∨아홉살 → | 나 | 이 | | 아 | 홉 | | 살 |

③ 소리가 비슷하지만 쓰임이 다른 낱말

72쪽

(1) 나는 동생과 키가 | 같 |다.

(2) 귀여운 곰 인형을 | 갖 |다.

(3) 나는 어제 산에 | 갔 |다.

73쪽

1 ③ 2 내가 | 갖 | 고 | 있는 필통은 언니 것이랑

모양이 | 같 | 다 |. 3 갖아요 ～ 같아요

실력이 쑥쑥 예 학교가 끝나고 친구 생일잔치에 갔다.

74쪽

 (1) 거북의 걸음이 | 느 | 리 | 다 |.

 (2) 고무줄을 길게 | 늘 | 이 | 다 |.

75쪽

1 ②   2 (1) ② (2) ①   3 늘어면 ⌇ 느리면

실력이 쑥쑥 예 나는 아빠보다 걷는 속도가 느려요.

76쪽

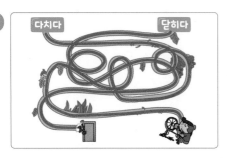

(1) 문이 갑자기 | 닫 | 히 | 다 |.

(2) 동이가 팔을 | 다 | 치 | 다 |.

77쪽

1 ③   2 (1) 닫혀서 (2) 다쳐서

3 다쳐기 ⌇ 닫히기

실력이 쑥쑥 예 창문이 닫혀서 바람이 들어오지 않는다.

78쪽

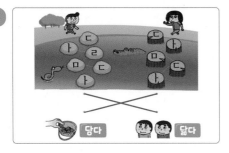

(1) 바구니에 딸기를 | 담 | 다 |.

(2) 생김새가 | 닮 | 다 |.

79쪽

1 ③   2 (1) 닮은 (2) 담아

3 닮을까요 ⌇ 담을까요

실력이 쑥쑥 예 저는 엄마보다 아빠를 더 많이 닮았어요.

80쪽

(1) | 마 | 치 | 다 | (2) | 맞 | 히 | 다 |

81쪽

1 ①   2 (1) ✕ (2) ○   3 맞히자 ⌇ 마치자

실력이 쑥쑥 예 샤워를 마치고 간식을 먹었다.

82쪽

(1) 네가 한 말이 | 맞 | 다 |.   (2) 이상한 냄새를 | 맡 | 다 |.

83쪽

1 ②   2 맞아, 맞아   3 맞아 ⌇ 맡아

실력이 쑥쑥 예 이 신발은 나에게 딱 맞아.

84쪽

(1) 어깨에 가방을 | 메 | 다 |.   (2) 운동화 끈을 | 매 | 다 |.

85쪽

1 ②   2 메요, 메요   3 메도록 ⌇ 매도록

실력이 쑥쑥 예 너 정말 예쁜 가방을 메고 있구나!

86쪽

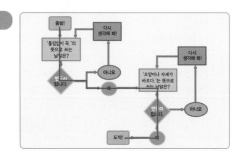

87쪽

1 ①   2 (1) ② (2) ①   3 반드시 ⌇ 반듯이

실력이 쑥쑥 예 이번 경기는 반드시 우리 반이 이겨야 해.

88쪽

(1) 우체국에서 택배를 | 부 | 치 | 다 |.

(2) 공책에 스티커를 | 붙 | 이 | 다 |.

89쪽

1 ②   2 (1) 붙였어요 (2) 부치는

3 부쳤다 ⌇ 붙였다

실력이 쑥쑥 예 종이가 떨어지지 않게 풀로 붙였어요.

90쪽

(1) 뜨거운 물을 식 히 다 .

(2) 심부름을 시 키 다 .

91쪽

1 ②　2 (1) ✕ (2) ◯　3 시켜 ⤳ 식혀

실력이 쑥쑥 예 중국집에서 자장면과 탕수육을 시켰다.

92쪽

(1) 아빠가 아기를 업 다 .　(2) 교실에 아무도 없 다 .

(3) 아기가 그릇을 엎 다 .

93쪽

1 ②　2 (1) 업고 (2) 없어져서

3 업었다 ⤳ 엎었다

실력이 쑥쑥 예 가방 속에 가위가 없어요.

94쪽

(1) 밥은 이 따 가 먹을게요.

(2) 여기 잠깐 있 다 가 가자.

95쪽

1 ②　2 (1) 있다가 (2) 이따가

3 있다가 ⤳ 이따가

실력이 쑥쑥 예 이따가 놀이터에서 친구를 만나기로 했다.

96쪽

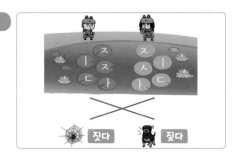

(1) 거미가 집을 짓 다 .　(2) 개가 컹컹 짖 다 .

97쪽

1 ②　2 (1) ① (2) ②　3 짖고 ⤳ 짓고

실력이 쑥쑥 예 개가 고양이를 보고 크게 짖었어요.

문해력이 쑥쑥

98쪽

1 ②　2 방울　3 ①　4 마치자

99쪽

5 냄새　6 엽전 소리　7 (1) ② (2) ①　8 ③

101쪽　띄어쓰기 5

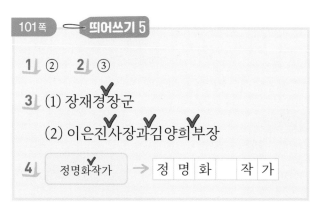

1 ②　2 ③

3 (1) 장재경✓장군

　(2) 이은진✓사장과✓김양희✓부장

4 정명화작가 → 정 명 화 ✓ 작 가

103쪽　띄어쓰기 6

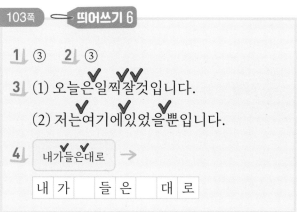

1 ③　2 ③

3 (1) 오늘은✓일찍✓잘✓것입니다.

　(2) 저는✓여기에✓있었을✓뿐입니다.

4 내가들은대로 → 내 가 ✓ 들 은 ✓ 대 로

106쪽

(1) 어찌나 비가 많이 | 왔 | 던 | 지 | 다리가 물에 잠겼다.

(2) 노래를 | 부 | 르 | 든 | 지 | 춤을 | 추 | 든 | 지 | 네가 선택해.

107쪽

1 ① 2 (1) × (2) ○

3 놀랐든지 ～ 놀랐던지

실력이 쑥쑥 예 얼마나 많이 먹었던지 배가 볼록해졌어.

108쪽

(1) 바위 | 위 | 쪽 | 에 새가 앉아 있다.

(2) | 웃 | 어 | 른 | 께 인사를 잘하자.

(3) 동생의 | 윗 | 니 | 가 흔들린다.

109쪽

1 ① 2 위쪽 3 웃니 ～ 윗니

실력이 쑥쑥 예 웃어른의 말씀을 잘 새겨들어야 한다.

110쪽

(1) 조용 | 히 | (2) 가만 | 히 |

(3) 깨끗 | 이 | (4) 틈틈 | 이 |

111쪽

1 ③ 2 (1) 깨끗이 (2) 조용히

3 틈틈히 ～ 틈틈이

실력이 쑥쑥 예 나는 조용히 자리에서 일어섰다.

112쪽

(1) 찬호는 제 친구 | 예 | 요 | .

(2) 찬호는 아홉 살 | 이 | 에 | 요 | .

113쪽

1 ③ 2 (1) ② (2) ①

3 이에요 ～ 예요

실력이 쑥쑥 예 저는 초등학교 2학년이에요.

114쪽

(1) 석수 | 장 | 이 | (2) 대장 | 장 | 이 |

(3) 말썽 | 쟁 | 이 | (4) 방귀 | 쟁 | 이 |

115쪽

1 ① 2 (1) 겁쟁이 (2) 도배장이

3 ㉠ 심술쟁이 ㉡ 욕심쟁이

실력이 쑥쑥 예 우리 언니는 아주 멋쟁이입니다.

116쪽

(1) 굶주린 새끼가 | 가 | 엽 | 다 |
| 가 | 엾 | 다 |

(2) 숲에 | 넝 | 쿨 |
| 덩 | 굴 | 이 가득했다.

(3) | 어 | 저 | 께 |
| 어 | 제 | 종일 뭐 했니?

117쪽

1 ① 2 (1) × (2) ×

3 어저깨 ～ 어저께(어제)

실력이 쑥쑥 예 세종 대왕은 글을 모르는 백성들을 가엾게 여겼어요.

118쪽

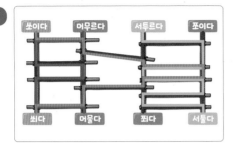

(1)바람을

쏘	이	다
쐬	다	

(2)집에

머	무	르	다
머	물	다	

(3)볕을

쪼	이	다
쬐	다	

(4)일이

서	투	르	다
서	툴	다	

119쪽

 ③   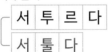 (1)× (2)○ (3)○

3 서툴르다 ⌒ 서투르다(서툴다)

실력이 쑥쑥 예 햇볕을 쪼이면 기분이 좋아져.

문해력이 쑥쑥

120쪽

1 ②   2 ③   3 ③   4 거짓말쟁이

121쪽

5 (1)② (2)①   6 ③   7 어제

8 조용히

123쪽 띄어쓰기 7

1 ②   2 ②

3 (1) 사과와✔굴✔등의✔과일

(2) 하유림✔은✔가수✔겸✔배우다.

4 칠✔대✔삼✔의✔점수 →

칠		대		삼	의		점	수

125쪽 띄어쓰기 8

1 ②   2 ②

3 (1) 맛있는✔간식을✔만들어✔보자.

(2) 동생과✔놀이터에✔가고✔있어요.

4 해가✔숨어✔버렸다. →

해	가		숨	어		버	렸	다	.

게임으로 배우는
초등
맞춤법

초판 발행	2023년 3월 6일
초판 2쇄	2023년 9월 26일
글쓴이	엄은경, 권민희, 장국행
그린이	유남영
편집	김아영
펴낸이	엄태상
디자인	이건화, 공소라
콘텐츠 제작	김선웅, 장형진, 조현준
마케팅본부	이승욱, 왕성석, 노원준, 조성민, 이선민
경영기획	조성근, 최성훈, 김다미, 최수진, 오희연
물류	정종진, 윤덕현, 신승진, 구윤주
펴낸곳	시소스터디
주소	서울시 종로구 자하문로 300 시사빌딩
주문 및 문의	1588-1582
팩스	0502-989-9592
홈페이지	www.sisostudy.com
네이버카페	시소스터디공부클럽 cafe.naver.com/sisasiso
인스타그램	instagram.com/siso_study
이메일	sisostudy@sisadream.com
등록일자	2019년 12월 21일
등록번호	제2019 - 000148호

ISBN 979-11-91244-65-6 63700

ⓒ시소스터디 2023